LA CHASSE
AUX FRIPONS

COMÉDIE

EN TROIS ACTES EN VERS

PAR

CAMILLE DOUCET

PARIS

FURNE ET Cie, LIBRAIRES-ÉDITEURS

RUE SAINT-ANDRÉ-DES-ARTS, 58

M DCCC XLVI

LA CHASSE
AUX FRIPONS

COMÉDIE

Représentée pour la première fois sur le Théâtre-Français
le 27 Février 1846.

IMPRIMERIE DE H. FOURNIER ET Ce,
RUE SAINT-BENOIT, 7.

LA CHASSE
AUX FRIPONS

COMÉDIE

EN TROIS ACTES ET EN VERS

PAR

CAMILLE DOUCET

PARIS

FURNE ET Ce, LIBRAIRES-ÉDITEURS

RUE SAINT-ANDRÉ-DES-ARTS, 55

M DCCC XLVI

A défaut de tout autre mérite, cette comédie aurait du moins celui d'avoir été inspirée par une pensée honnête.

Je la dédie aux honnêtes gens.

En livrant mes vers à une seconde publicité, plus intime et non moins redoutable que la première, je me fais un devoir et un plaisir de remercier d'abord le Théâtre-Français, qui m'a fait l'accueil le plus flatteur, et les excellents artistes qui m'ont prêté leur concours avec autant de bonne grâce que de talent. Je regrette que ce précieux patronage ne me protége plus au foyer du lecteur.

Je remercie ma famille d'amis, la seule qui pût m'assister dans le danger, et qui m'a soutenu des mains et du cœur.

Je remercie enfin le Public, juge bienveillant; et la Presse, juge sévère. Je suis heureux d'avoir recueilli de toutes parts des conseils éclairés et des encouragements profitables.

C. D.

Personnages.

M. GIRARDOT.	MM. Joannis.
SIMON.	Samson.
JACQUES LECOMTE.	Provost.
LE COMTE DE ROSOY.	Dupuis.
SAINT-LAURENT.	Leroux.
PÉRINET.	Got.
MARCEL.	Riché.
UN GARDE DU COMMERCE	Robert.
UN ÉLECTEUR.	Mathien.
Agathe GIRARDOT.	Mlles Solié.
ANNETTE.	Brohan.

Les indications pour la place que doivent occuper les personnages sont données de droite à gauche.

LA CHASSE
AUX FRIPONS.

ACTE PREMIER.

La scène se passe à Corbeil, dans la maison de campagne de M. Girardot. — Salon élégant. — Porte au fond. — Deux portes demi-latérales sur le second plan, l'une à droite, conduisant à la chambre d'Agathe ; l'autre à gauche, à la salle à manger et à l'intérieur de la maison. — Sur le premier plan, à gauche, une croisée avec draperies, et de l'autre côté, une porte ouvrant sur un cabinet. — Une table à droite.

SCÈNE PREMIÈRE.

SIMON, ANNETTE, PUIS MARCEL, SAINT-LAURENT ET PÉRINET.

(Simon entre dans le cabinet, Annette en retire la clé.)

ANNETTE à Simon.

Oui... je vous préviendrai, dès qu'ils seront sortis.
Brave homme ! Si monsieur n'est pas content, tant pis !
J'avais là des remords... Faire le bien soulage ;
Surtout lorsque le bien rapporte davantage...
Décidément je crois, pour beaucoup de raisons,
Que les honnêtes gens valent bien les fripons.

(On a sonné. Marcel paraît au fond, tenant à la main une carte de visite qu'il remet à Annette.)

MARCEL.

Pour monsieur Saint-Laurent. Un monsieur le demande.

ANNETTE.

Il déjeune... Je vais l'avertir... Qu'on attende...

(Elle entre par la seconde porte à gauche qui donne sur la salle à manger. Marcel reste au fond.)

SAINT-LAURENT aux convives.

Ne vous dérangez pas... Merci... Je n'ai plus faim.
(A Marcel.) (A part.)
Je vais le recevoir... Faites entrer... Enfin!
Midi moins vingt! J'étais dans une impatience...

(Périnet entre.)

SAINT-LAURENT.

Eh bien?

PÉRINET.

Eh bien, monsieur, j'ai votre argent.

SAINT-LAURENT.

Silence!
(A Marcel.) (A Annette.)
Marcel, le thé..... Priez le comte de Rosoy
Et monsieur Girardot de déjeuner sans moi.
D'un important travail il faut que je m'occupe...

ANNETTE à part.

Du travail important de faire quelque dupe...
(Haut.)
J'y vais, monsieur...

(Elle sort.)

SCÈNE II.

PÉRINET, SAINT-LAURENT.

SAINT-LAURENT.

Ainsi, cet argent...

PÉRINET.

Entre nous,
Monsieur, je viens de faire un trait digne de vous.
Vos trente mille francs, vous les pouvez attendre :
Dans un petit quart d'heure ils vont venir vous prendre,
Ici même, à Corbeil, chez monsieur Girardot,
Oui, monsieur... et cela, je crois, n'est pas trop sot.

SAINT-LAURENT.

Mais explique-moi donc...

PÉRINET.

Certes, c'est une histoire
Que je veux raconter... pour mon honneur et gloire.
Mais ne craignez-vous pas?

SAINT-LAURENT.

Quoi?

PÉRINET.

Si quelqu'un venait.
Si monsieur Girardot...

SAINT-LAURENT.

Girardot!... Périnet...
Le pauvre homme! Il n'entend rien que par mon oreille,
Ne voit que par mes yeux... Va toujours.

PÉRINET.

A merveille!
— Mon brave Périnet, j'aurais besoin de toi,
M'avez-vous dit hier, pour... — Pour n'importe quoi,
Vous ai-je répondu. Car de quoi qu'il s'agisse,
Vous savez que je suis tout à votre service.
— Cours donc... Un million à Corbeil nous attend.
Trouve-moi pour demain dix mille écus comptant.
Sur ce, vous me donnez pleinement carte blanche,

Et je pars.

SAINT-LAURENT.

Bien !

PÉRINET.

Non... Mal ! Hier, c'était dimanche...
Mauvais jour ! Ruiné ! Sans crédit, sans argent...
A quel saint nous vouer en ce besoin urgent !
Que faire?... Où déterrer une somme aussi forte.
J'ai beau courir partout, frapper à chaque porte,
Rien ! Me voilà perdu de réputation...
Tout à coup il m'arrive une inspiration.
Je repars, et je vais... je vous le donne en mille.
Chez madame d'Elmar, vieille vertu facile,
Duchesse de clinquant, dont l'heureux coffre-fort
De deux ou trois banquiers engouffra le trésor.
Vingt fois, je m'en souviens, dans ses jours de tendresse,
Elle mit à vos pieds sa main et sa richesse.

SAINT-LAURENT.

Mais maladroit...

PÉRINET.

C'est vrai. J'aurais dû me douter
Que l'argent... non la main... avaient pu vous tenter,
Et que, sans y trouver, pas plus que moi, de honte,
Votre amour, sur la dot, avait pris quelque à-compte.
J'aurais dû me douter qu'elle, de son côté,
Pour se mettre à l'abri d'une infidélité,
En femme que le temps a rompue aux affaires,
Avait pris contre vous des mesures sévères.

SAINT-LAURENT.

Comment, elle t'a dit !

PÉRINET.

Tout.

SAINT-LAURENT.

Et malgré cela,
Cet argent...

PÉRINET.

Cet argent ne nous vient pas de là.
Mais il nous vient toujours, et c'est une autre histoire
Dont vous profiterez... si vous voulez m'en croire.
Bref, maladroitement, comme vous l'avez dit,
Lui croyant de l'amour, vous croyant du crédit,
D'un sourire engageant j'affuble mon visage,
Et je monte... A ma vue éclate un double orage,
Et ces mots, tout d'abord, viennent fondre sur moi :
Monstre de Saint-Laurent! perfide de Rosoy!
De Rosoy! Saint-Laurent! Qu'est-ce que ça veut dire?
Monsieur, j'aurais donné vingt sols pour pouvoir rire!
Vous connaissez, de reste, et depuis très-longtemps...
De ses soixante hivers l'immuable printemps...
Vous savez, mieux que moi, les charmes parasites
Dont l'art couvre à regret ses grâces émérites.
Tout cela, reposé, passe encore le soir...
Mais au jour, en fureur, c'était horrible à voir!
Elle se démenait, criait comme trois diables.
Pauvre petite! Elle a des moments agréables!
Pourtant elle commence à ravoir ses esprits,
Et je comprends alors... que je n'ai rien compris...
Ce n'est plus vous, monsieur, dont son âme est éprise,
Le comte de Rosoy dans ses filets l'a prise...
Il est noble... elle est riche... il lui plaît... elle veut
Épouser sa noblesse en légitime nœud!...

Par malheur, elle a su qu'un autre mariage
Se complotait sous roche, et lui faisait ombrage...
Elle a su que le comte allait prendre d'assaut
La fille et les écus du père Girardot...
Elle a su même, et c'est surtout ce qui l'irrite,
Qu'ici, ce soir, pour prix d'un très-mince mérite,
Du comte de Rosoy, par vous accrédité,
Cet arrondissement faisait un député...
Un comte, un député... Jugez quelles tempêtes
Tant de trésors perdus déchaînent sur nos têtes.
Aussi la pauvre femme, en sa sainte fureur,
Contre vous, contre moi, criait de tout son cœur.

SAINT-LAURENT.

Ah ça! mais...

PÉRINET.

Permettez... Le dénouement s'avance...
Pétrifié d'abord par ce flux d'éloquence,
Je ne répondais mot, et je cherchais tout bas
Quelque moyen de fuir un aussi mauvais pas... [maître
J'en trouve un... je le prends!... Quand on n'est pas le
De sortir par la porte... on sort par la fenêtre!...
Quel plaidoyer, monsieur!... Pour en être témoin,
Que n'étiez-vous caché dans quelque petit coin!...
La vertu n'eut jamais colère plus sublime!...
D'une indigne amitié je me peins la victime...
Pour être à la hauteur de son emportement,
Il faut tomber sur vous impitoyablement...
J'y tombe... De tous deux je lui dis pis que pendre...
Vous m'avez fait du mal et je veux vous le rendre...
Que je trouve un moyen pour vous perdre... et c'est fait!
C'est là que j'attendais sa vengeance... En effet,

Sans me laisser le temps d'achever ma tirade,
Tant elle a, de bon cœur, donné dans l'embuscade!...
Pâle et rouge à la fois de colère et d'espoir...
D'un petit secrétaire elle ouvre le tiroir,
Et me dit... d'un regard que la fureur enflamme :
Vous êtes honnête homme? — Hélas! que trop, madame!
— Il suffit... Allez donc!... vengez-vous, vengez-moi!...
Deux bons billets signés, le premier, de Rosoy;
Le second, Saint-Laurent... Poursuivez l'un et l'autre,
Me dit-elle; ma cause est aujourd'hui la vôtre!...
Rien n'y manque!... Soyez sans pitié, je le veux!...
Qu'ils couchent en prison cette nuit tous les deux!...
A ces mots, sans laisser de reçu, je m'échappe...
C'est vous que je poursuis, c'est elle que j'attrape...
Nouveau moyen, monsieur, de payer ce qu'on doit!

SAINT-LAURENT.

Heim!...

PÉRINET.

Vous aviez raison!... je suis un maladroit!...

SAINT-LAURENT.

Mais alors... ces billets...

PÉRINET.

Nous les paierons... j'espère!...
Plus tard!... quand nous n'aurons pas autre chose à faire.
En attendant, monsieur, ils sont là sur mon cœur...

SAINT-LAURENT.

(Marcel paraît. — A part.) (Haut.)

Ce bon Périnet!... Diable!... Adieu donc, serviteur!...

SCÈNE III.

PÉRINET, SAINT-LAURENT, MARCEL, portant le thé.

SAINT-LAURENT, à Marcel.

Si quelqu'électeur vient... faites entrer bien vite...
Du reste, on est sorti pour toute autre visite...
(A Périnet.) (A Marcel.)
A propos, Périnet... Marcel... encore un mot...
Que fait mademoiselle Agathe Girardot.

MARCEL, montrant la chambre à droite, au fond.

Elle est là...

SAINT-LAURENT.

Dans sa chambre?...

MARCEL.

Oui, monsieur... elle
Et n'a rien pris depuis hier. [pleure,

SAINT-LAURENT.

A la bonne heure!...
(A part) (A Marcel.)
J'aime la tragédie!... Une tasse de thé...
(A part.)
Je veux, ma belle enfant, boire à votre santé!

SCÈNE IV.

SAINT-LAURENT, PÉRINET.

(Saint-Laurent, assis à la table, à droite.)

PÉRINET.

Qu'est-ce donc?..

SAINT-LAURENT.

Peste soit de ces petites filles!...

On n'en peut rien tirer, quand elles sont gentilles...
La fille d'un marchand, d'un ancien boutiquier,
Qui pleure, et ne veut pas se laisser marier...
On fait d'un paysan un comte, exprès pour elle;
On couvre d'un blason sa crasse paternelle;
On met à ses genoux tout ce que peut vouloir
Une femme de rien, enrichie au comptoir...
Et, quand il faut dire oui, voilà qu'elle s'avise
De croire que d'un vieil amour elle est éprise...
Pour un ami d'enfance... un fils de son parrain,
Monsieur Simon, notaire... une bêtise enfin!...
Par bonheur, Girardot, notre excellent Géronte,
Mord de toute sa force à l'hameçon du comte;
Il y tient, il en veut, et, pour ce gendre là,
Avec tous les Simon il s'est brouillé déjà...
L'ennemi, grâce à moi, sans appui dans la place,
Ne peut pas se douter du coup qui le menace;
Le fils est à Paris, le père à Sens...

PÉRINET, à part.

Tant mieux!...

SAINT-LAURENT.

Moi, je suis à Corbeil... les jouant tous les deux!...
La guerre commencée aujourd'hui se termine...
Et c'est toi, Périnet, qui fais sauter la mine!...
Le cher comte est censé riche d'un million,
Dont Girardot voudrait voir un échantillon...
Il faut, pour l'achever, qu'un peu d'or l'éblouisse;
Tes trente mille francs nous rendront ce service...
Ma bourse était à sec, et, pris au dépourvu,
Je ne pouvais parer à ce coup imprévu...
L'élection d'ailleurs... qui maintenant est sûre,

Faisait, hier encor, la plus triste figure...
Pour se tirer de là, le pauvre de Rosoy
Avait, sans me vanter, très-grand besoin de moi.
Pendant qu'en mon honneur tu faisais des merveilles,
Je cornais son mérite à toutes les oreilles;
On y croyait un peu, mais pas assez... si bien
Qu'un autre candidat eût enfoncé le mien...
Subitement saisis d'un vertueux scrupule,
Nos braves électeurs poussaient le ridicule
Jusqu'à nous préférer, mais sérieusement,
Quelqu'indigène obscur de l'arrondissement...
Le premier sot venu, dont l'honnête conduite
Eût été le plus grand, sinon le seul mérite,
Galant homme du reste... et d'honneur éprouvé...
Heureusement pour nous, on n'en a pas trouvé!...
Ainsi, faute d'avoir quelqu'un qu'on nous préfère,
C'est sur nous qu'on retombe, et nous nous laissons faire;
L'homme d'esprit ne doit s'effaroucher de rien...
Hier tout allait mal, aujourd'hui tout va bien...
Aujourd'hui, Périnet, mon ami, mon élève,
Par un succès nouveau, ton triomphe s'achève.
Parle... voyons... comment as-tu fait pour trouver
Cet introuvable argent, qui va tous nous sauver?
Sais-tu bien qu'en deux jours voilà deux coups de maître?
Deux coups dont je suis fier, autant que tu peux l'être.
Périnet, je t'admire, et tu peux t'en vanter...
Si tu n'existais pas, je voudrais t'inventer!...

PÉRINET.

A l'admiration, monsieur, je me résigne;
Car, modestie à part, je crois en être digne!...
Figurez-vous qu'hier...

(Annette entre.)

SAINT-LAURENT.

Encore !... Qu'est-ce donc !...
Nous sommes occupés, qu'on nous laisse !...

SCÈNE V.

ANNETTE, SAINT-LAURENT, PÉRINET.

ANNETTE.

Pardon...
C'est monsieur Girardot...

SAINT-LAURENT.

Girardot est à table ;
Qu'il y reste.

ANNETTE.

Oui, monsieur... mais il voudrait...

SAINT-LAURENT.

Que diable !
On ne peut donc avoir une minute à soi...
Qu'il parle politique au comte de Rosoy ;
C'est le jour ou jamais... Et là-dessus, le gendre
Avec son cher beau-père est digne de s'entendre...
Enfin, qu'est-ce qu'il veut ?

ANNETTE.

Il veut vous avertir
Que voici le moment où vous deviez sortir.

SAINT-LAURENT.

(A Périnet.)

C'est juste... Pour aller, de boutique en boutique,
Promener dans Corbeil son candidat unique !...
Ce pauvre Girardot a la tête à l'envers...
Vingt courses ce matin... ce soir trente couverts...

PÉRINET.

Ici ?

SAINT-LAURENT.

Certainement... nous dînons tous... Tu dînes!...
L'élection a mis le feu dans les cuisines!...
Annette, écoute... Rentre, et dis-leur que sans moi
Ils feraient bien... Au fait, dis-leur n'importe quoi.
Ces honnêtes gens-là sont de force à tout croire.

(Elle sort.)

SCÈNE VI.

SAINT-LAURENT, PÉRINET.

SAINT-LAURENT.

Maintenant va...

PÉRINET.

Pour bien vous conter mon histoire,
Elle est un peu trop longue et le temps est trop court.
J'en passe... Vous aurez le reste un autre jour...

SAINT-LAURENT.

Soit.

PÉRINET.

Malgré le beau trait que je viens de vous dire,
Nos affaires, monsieur, allaient de mal en pire;
Après avoir couru, ce matin comme hier...
Et n'avoir rien trouvé... sur le chemin de fer
Je m'embarque..., obligé de venir vous apprendre
Un désastre qu'hélas vous étiez loin d'attendre...
Je pars donc, sans daigner saluer seulement
Un pauvre diable d'homme, espèce de Normand,
Qui, seul dans le wagon, où j'écumais de rage,
Avait l'air enchanté de ce maudit voyage...

Sa grosse bonne mine et son sot embonpoint
M'inspiraient des mépris, que je ne cachais point...
Tout à coup..., c'est ici que l'histoire commence
A devenir pour nous d'un intérêt immense...
Tout à coup, ai-je dit, mon brave compagnon,
Qui n'était pas normand, monsieur, mais bourguignon,
Heureusement!... s'amuse à tirer de sa poche
Une façon de bourse, ou plutôt de sacoche
Qu'il ouvre... et dans laquelle, à mes yeux stupéfaits,
Apparaissent un tas de billets et d'effets
Que d'avance, en artiste, avec mon regard d'aigle,
J'ai reconnus pour être on ne peut mieux en règle;
Dès lors, vous comprenez par quel revirement
Mon lourdaud se transforme en un être charmant;
Sa gaîté m'irritait... Maintenant, sans rancune,
Je veux la partager... ainsi que sa fortune!...
Je m'approche!... Demain vous saurez en détail
De mes séductions l'ingénieux travail;
Nous sommes convenus d'abréger... et j'abrége...
A peine ai-je parlé que, donnant dans le piége,
Notre homme, tant mon air d'innocence lui plaît,
Se met à me conter sa vie au grand complet...
Inutile, monsieur, de stimuler son zèle...
A chaque pas nouveau, confidence nouvelle;
Sans le lui demander, presque sans le vouloir,
J'en sais bien vite autant que l'on en peut savoir;
Cinquante-huit ans, fermier, père d'un fils unique,
Voilà de mon ami le portrait au physique;
Quarante mille francs à placer, bien ou mal,
Voilà de mon ami le portrait au moral!...
Quarante mille francs! c'est tout ce qu'il possède,

Et si vous les voulez, gratis... il vous les cède !
Pour les prêter à quatre et demi d'intérêts,
Il accourait de Sens à Corbeil tout exprès...
L'affaire était conclue, et déjà presque faite...
Quand hier, grâce au ciel, il lui revient en tête
Qu'un sien neveu, parti sans un sou du pays,
Avait, depuis dix ans, fait fortune à Paris...
Chez monsieur son neveu, bien vite il se transporte,
Et monsieur son neveu lui fait fermer sa porte !
C'était tout naturel ; mais, naturel ou non,
L'accueil parisien déplut au Bourguignon...
Le voilà donc qui cherche, et trouve toute prête,
Une vengeance assez nouvelle et pas trop bête...
— Mon neveu m'a chassé, se dit-il ; avant peu
Je me régalerai de chasser mon neveu !...
Puisque ce faquin-là, qui n'est qu'un imbécile,
A fait fortune... il faut que ce soit très-facile...
S'il pleut des millions, je ne vois pas pourquoi
L'averse tomberait sur lui plus que sur moi !. .
Conclusion ! je veux être millionnaire !
Pour moi d'abord, et puis pour mon fils, en bon père ;
Aux armes donc !... Je cours à Corbeil de ce pas !...
J'ai promis de signer, je ne signerai pas.
Je garde mes écus pour un meilleur usage ;
Ils m'ont coûté trop cher à gagner au village !
Quatre et demi pour cent !... c'est le moyen légal
De mourir, comme un sot, de faim à l'hôpital ;
Pour tripler, décupler, centupler sa fortune,
Il ne faut que sortir de la route commune,
J'en sors !... Je veux jouer bravement le grand jeu...
Quarante mille francs, à pair ou non morbleu !...

Quarante mille francs sur la hausse ou la baisse !...
Quarante mille francs sur l'Espagne ou la Grèce !...
Quarante mille francs sur tout ce qu'on voudra !...
Celui qui les prendra le premier, les aura ! !...
— De peur de l'interrompre au plus beau de l'histoire,
J'étais muet, monsieur, comme vous pouvez croire !
Cependant je sentais qu'intérieurement
La main me démangeait, et furieusement !...
Jusqu'à son dernier mot, je l'écoute en silence,
Et, quand il a fini de parler... je commence !
— Je suis exactement dans sa position,
Cherchant de tous côtés un petit million ;
Du reste, ou je me trompe, ou je suis près de faire
Ce matin à Corbeil une excellente affaire....
Un grand spéculateur, très en vogue aujourd'hui,
Monsieur de Saint-Laurent daigne être mon appui,
Monsieur de Saint-Laurent, spéculateur immense,
Prince de l'industrie et roi de la finance,
Inventeur immortel de la société
Contre l'extinction de la mendicité !...
Grâce à lui ma fortune est désormais certaine,
S'il veut bien accepter quelque argent qui me gêne !
Je fais sonner alors avec intention
Tous les grands mots du jour : primes, Strasbourg, Lyon !
Actions !... actions de toutes les espèces,
Promesses d'actions !... promesses de promesses ! !..
Plus rouge, en m'écoutant, que madame d'Elmar,
Mon malheureux voisin me mangeait du regard ;
Mes paroles avaient incendié sa tête ;
Aussi, quand à Corbeil notre convoi s'arrête,
Forcé de prendre enfin un parti décisif,

Il fait à ma pitié l'appel le plus plaintif;
Il veut vous voir, il veut vous parler... c'est sa vie,
Son honneur,... son argent surtout qu'il vous confie.
Je refusais!... Je cède en le voyant pleurer!
Si l'on mourait de joie, il faudrait l'enterrer!
Pauvre homme! En attendant que je vous le présente,
Pour étrenner gaîment notre amitié naissante,
Nous courons faire ensemble à quatre pas d'ici
Un très-bon déjeuner... qu'il paie!... et me voici!!...

SAINT-LAURENT.

Bravo, bravissimo, Périnet... à ta place
Je n'aurais pas mieux fait... Viens donc que je t'embrasse..
Ah çà, dépêchons-nous d'en finir. Dieu merci
L'ennemi n'est pas loin.

PÉRINET.

Il devrait être ici...
Je cours vous le chercher, mort ou vif... Il me tarde
De vous le présenter.

SAINT-LAURENT.

Le reste me regarde!..

PÉRINET.

Vous avez bien compris?

SAINT-LAURENT.

Très-bien!... le Girardot
Nous gênerait... Je vais l'évincer comme il faut;
Je devais l'escorter, mais ce n'est plus mon compte,
Je reste... Il sortira seul avec le cher comte!...
Une fois eux dehors... ce sera bientôt fait,
A nous deux le Normand!...

PÉRINET.

Bourguignon, s'il vous plaît.

SAINT-LAURENT.

Soit !... Il faudrait d'abord... non... l'idée est meilleure,
Je file sur Paris par le convoi d'une heure ;
J'arrive à deux, je cours jusque chez moi... J'y prends
De vieilles actions pour trente mille francs.

PÉRINET.

Quarante.

SAINT-LAURENT.

Si tu veux...

PÉRINET.

Je n'en puis rien rabattre...

SAINT-LAURENT.

A trois heures, je pars, et je reviens à quatre !...
Alors le feu commence, et nous nous en donnons...
L'argent du Bourguignon est prêt... nous le prenons !...
Le comité secret à cinq heures s'assemble :
Nous allons, pour le comte, y pérorer ensemble ;
Avec les gros bonnets de l'arrondissement
Nous revenons dîner, et copieusement !...
A sept heures, enfin, séance générale !...
D'amis indépendans nous remplissons la salle,
Et, pour son seul mérite, en triomphe porté,
Notre candidat passe à l'unanimité !...
Ce soir l'élection, demain le mariage !...
Demain, nous rentrons tous dans nos frais de voyage ;
Demain, aux millions du père Girardot,
Nous avons le plaisir de dire un petit mot ;
Demain, exécutant ma dernière manœuvre,
Je mets le point final à mon plus beau chef-d'œuvre ;
Demain, si tu le veux, cher ami, pour ta part,
Je te donne la main de madame d'Elmar !...

PÉRINET.

Non, merci ; diable !...

SAINT-LAURENT.

Eh bien ! mons Périnet, j'espère
Que nous avons mené gaillardement l'affaire...
Si cela continue... avant peu l'on pourra
Se faire vertueux plus que l'on ne voudra !...
Vertueux !... Bast, les sots découragent de l'être :
Rivés à l'humble place où le sort les fit naître,
Et forcés de croupir dans le sentier battu,
Ils ont, par impuissance, inventé la vertu !...
Mais nous, qui n'avons pas de ces âmes d'esclaves,
Des préjugés mesquins nous brisons les entraves ;
Nous courons au succès, seul but de tant de soins,
En toute liberté... de conscience au moins !...
Courage donc, morbleu, courage !... la fortune
Nous livre, d'un seul coup, deux victimes pour une ;
Encore un peu d'audace... un peu d'adresse encor,
Et nous tenons chacun notre poule aux œufs d'or !...

PÉRINET.

La vôtre nous attend, monsieur...

SAINT-LAURENT.

J'attends la tienne.

PÉRINET.

Dix minutes au plus pour que j'aille et revienne,
Et je suis à vous.

SAINT-LAURENT.

Bien !... je vais de mon côté
Mettre, avec Girardot, le comte en sûreté...
Il s'agit maintenant de bien jouer nos rôles !...

PÉRINET.

Je sais le mien!...

SAINT-LAURENT.

Le mien... j'en réponds!...

(Ils sortent : Périnet, par la porte du milieu, au fond; Saint-Laurent, à gauche.)

SCÈNE VII.

SIMON, sortant du cabinet à droite.

Ah! mes drôles!...
Bravo!... J'entendais mal, mais j'ai très-bien compris...
Voilà de fiers coquins!... Je ne suis plus surpris
Si monsieur Girardot, pour cette noble engeance,
De sa noble maison chasse un ami d'enfance!...
Je rirais de bon cœur à ses dépens, morbleu,
Si nos pauvres enfants y jouaient moins gros jeu!...
Mais, quoiqu'au sérieux on ne puisse le prendre,
Contre lui, cependant, il faut bien se défendre.
Tout le mal qu'un méchant fait par méchanceté,
Un vieux fou vaniteux le fait par vanité...
C'est la mode!... on estime aujourd'hui ce qui brille...
Rien de plus!... Un manant veut des ducs pour sa fille,
Et l'honnête homme obscur ne vaut pas le fripon
Qui porte un *de* d'emprunt planté devant son nom!...
Sachez bien que mon fils, monsieur le gentilhomme,
Vaut cent fois mieux que vous, au moins... quoiqu'il se [nomme
Non pas monsieur de ci, ni monsieur de ça... non!...
Mais monsieur Jean Simon, comme moi... c'est mon nom.
Mon père se nommait Jean Simon tout de même,
Et si vous n'aimez pas ce nom-là... moi je l'aime!...

Et votre fille un jour, que ça vous plaise ou non,
Mon cher, s'appellera madame Jean Simon!...
C'est moi qui vous le dis... et j'en serai bien aise...
Et l'affaire pour vous ne sera pas mauvaise!...
Non!... Mais, en attendant, messieurs les bons sujets,
Puisque j'ai, grâce à vous, dépisté vos projets,
Puisque vous m'avez mis à temps sur votre trace
Jean Simon est de force à vous donner la chasse...
Gare donc!... ou, morbleu, je jure qu'à tout prix...
Hem!... j'ai juré trop tôt... on vient... me voilà pris...
Fuir devant le gibier, est lâche et ridicule,
Mais c'est pour mieux sauter que le chasseur recule...

(Il va pour rentrer dans le cabinet à droite.)

Plus de clef!... et la porte... où me fourrer!... ah... là!

(Il se cache derrière les rideaux de la croisée à gauche.)

SCÈNE VIII.

SIMON, caché; ANNETTE, PUIS AGATHE ET SAINT-LAURENT.

ANNETTE, sortant de la seconde porte à gauche, va frapper à la porte d'Agathe, puis à celle du cabinet dans lequel Simon était caché.

Mademoiselle... il doit s'ennuyer... Me voilà,
Patience, monsieur...

AGATHE.

Eh bien! qu'a dit mon père?
Le verrai-je? crois-tu qu'il consente?

ANNETTE.

Au contraire :
Nos affaires par là vont mal... mais, grâce au ciel...

SAINT-LAURENT, dans l'intérieur.

Allons donc, allons donc!... c'est très-essentiel!...

(Il entre.)

Je vous suis... partez vite... Annette, un mot... Ah! diable.

(A Agathe.)

Eh bien, ma belle enfant, sommes-nous raisonnable?...

AGATHE.

Monsieur, je veux parler à mon père aujourd'hui...
Ne me repoussez pas... j'implore votre appui...
Je sais combien sur lui votre influence est grande...

SAINT-LAURENT.

Que me demandez-vous?... Je crains.

AGATHE.

Je vous demande
D'empêcher que, demain, mon père, malgré moi,
Me force d'épouser le comte de Rosoy.
Le comte est votre ami... faites-lui donc connaître
Toute la vérité... que vous savez peut-être...
Mon père n'aime en lui que son nom, que son rang,
Et moi, son rang, son nom, tout m'est indifférent...
En un mot.

SAINT-LAURENT.

En un mot, vous en aimez un autre...
Le comte est mon ami, mais moi, je suis le vôtre...
Je connais mieux que vous ce pauvre petit cœur,
Et tout ce que je fais est pour votre bonheur...
On causera ce soir de cette grave affaire,
On raccommodera la fille avec le père...
A dix-sept ans, on a toujours quelque chagrin...

AGATHE.

Monsieur.

SAINT-LAURENT.

On croit aimer le fils de son parrain;

Et s'il vient un mari noble, riche, honorable,
On vous lui fait d'abord une moue effroyable;
On pleure, on se désole... on écrit tous les jours
Au parrain... le parrain ne répond pas toujours...

SIMON, caché.

Ah! gueux!

AGATHE.

Qui vous a dit...

SAINT-LAURENT.

Un matin on se lasse...
On épouse... et l'on est très-heureuse.

AGATHE.

Ah! de grâce...
Puisque vous savez tout, ayez pitié de moi...
Obtenez que mon père attende encor.

SAINT-LAURENT.

Pourquoi...
Le vieux papa Simon n'entend pas raillerie.

SIMON, caché.

Non...

SAINT-LAURENT.

Il ne viendra pas...

AGATHE.

Monsieur... Je vous en prie...
Il viendra, j'en suis sûre... Il viendra.

(Simon paraît un moment, Agathe l'aperçoit.)

Ciel!...

SAINT-LAURENT.

Quoi donc...

ANNETTE.

Plaît-il?

SAINT-LAURENT.

Qu'avez-vous?

AGATHE.

Rien... je me trompais... pardon.
Mais dans mon trouble... là... j'avais cru voir... mon père.

SAINT-LAURENT.

Enfant! rassurez-vous... espérez.

AGATHE.

Oui... j'espère...

SAINT-LAURENT.

Votre père vous aime... et vous pouvez ici
Compter sur un ami.

ANNETTE, à part.

Menteur!

AGATHE.

J'y compte aussi...

SAINT-LAURENT.

Quant à tous les Simon dont l'oubli vous outrage,
S'ils ne sont pas venus demain soir... du courage...
Il faut à ces ingrats renoncer pour jamais...
Vous me le promettez...

AGATHE.

Oui... je vous le promets!...

(Elle rentre.)

SCÈNE IX.

SIMON, caché; SAINT-LAURENT, ANNETTE.

SAINT-LAURENT.

Enfin!... j'en étais sûr!... Girardot et le comte
Vont sortir... je descends avec eux et remonte...

Si, pendant mon absence, un paysan venait,
Seul, ou bien amené par monsieur Périnet...

ANNETTE.

Périnet?

SIMON, caché.

Périnet!...

SAINT-LAURENT.

Ce monsieur qui me quitte.

ANNETTE.

Ah!... très-bien.

SIMON, caché.

Périnet!...

SAINT-LAURENT.

Je reviens tout de suite.
Qu'il attende un moment... j'ai besoin de le voir;
Avec beaucoup d'égards il faut le recevoir...
Tu comprends?..

ANNETTE.

Certe.

SCÈNE X.

LES MÊMES, LE COMTE DE ROSOY, PUIS GIRARDOT.

LE COMTE, entrant par la porte à gauche.

Eh bien?

SAINT-LAURENT.

(A Annette.)

Voilà... Motus...

ANNETTE.

Sans doute.

LE COMTE.

Girardot n'y tient plus, et veut se mettre en route;
Il est furieux.

SAINT-LAURENT.

Bah !

GIRARDOT.

Ah ça, partirons nous?...

SAINT-LAURENT.

Venez donc, paresseux, on n'attend plus que vous.

GIRARDOT.

Comment ! que moi...

SAINT-LAURENT.

(Au comte.)

Partons ! Votre banquier, cher comte,
Vous envoie aujourd'hui dix mille écus d'à-compte.

GIRARDOT.

Heim !

LE COMTE.

Mon banquier...

SAINT-LAURENT.

Je cours les toucher. C'est urgent.

(Au comte.)

Allons, messieurs...

GIRARDOT prenant le bras du comte.

Allons, mon cher gendre...

SAINT-LAURENT à part.

Oh l'argent !

(Girardot et le comte sortent par le fond.)

SAINT-LAURENT à Annette.

Notre homme va venir... Attention, Annette.
Je ne le plaindrai pas, si tu fais sa conquête.
Décidément, tu n'es pas mal .. un autre jour,
Quand j'aurai plus de temps, je te ferai la cour...
Adieu.

(Il sort.)

ANNETTE.

Mauvais sujet! c'est là tout ce qu'il donne.
Ma foi, l'autre vaut mieux...

(Elle va à la porte du cabinet pour délivrer Simon.)

Monsieur! monsieur! personne.

SIMON paraissant.

Gueux! infâme! brigand!

ANNETTE.

Dieux!

SIMON.

Scélérat! voleur!

SCÈNE XI.

AGATHE, SIMON, ANNETTE.

AGATHE.

Mon père ..

SIMON.

Chère enfant!

ANNETTE.

Ah! monsieur, quelle peur!

SIMON.

Oui, ton père... j'arrive à temps... que je te voie!
Ne pleure pas... je pleure aussi... mais c'est de joie...
Tu m'attendais... C'est bien. J'ignorais tout pourtant;
Mon pauvre fils aussi... lui... nous qui t'aimons tant...
Il ne sait pas encore... il serait trop à plaindre...
Tes lettres... à présent tu n'as plus rien à craindre...
On les gardait.

AGATHE.

Comment!

SIMON.

Je n'en recevais pas.

AGATHE regardant Annette.

Se peut-il ?

SIMON.

Oui... plus tard tu lui pardonneras.
Elle a tout réparé. J'ai reçu la dernière
Et je suis accouru... ma pauvre enfant !

AGATHE.

Mon père !

(Ils s'embrassent.)

SIMON.

Ah ça, sommes-nous fous de pleurer bêtement.
Nous nous en donnerons dans un meilleur moment.
Nous avons pour l'instant bien autre chose à faire.
Ayez toutes les deux la bonté de vous taire.

(Il l'embrasse.)

Vous ne m'avez pas vu... rentrez.... Encore... adieu !
Et maintenant, le reste, à la garde de Dieu !

(Agathe rentre dans sa chambre avec Annette.)

SCÈNE XII.

SIMON, LECOMTE.

LECOMTE au fond.

Personne ! j'aurais dû rester... Ce bon jeune homme
Va me chercher partout, j'en suis sûr...

SIMON.

Il se nomme
Périnet ! Périnet ! c'est singulier... ce nom...

LECOMTE entrant.

Eh ! mais, voilà peut-être...

SIMON.

O ciel !

LECOMTE.

Monsieur Simon !

SIMON.

Ce cher Lecomte !

LECOMTE.

Ah bah !

SIMON à part.

Que le diable t'emporte !

Oui, moi-même, pardon... mais il faut que je sorte.
Je vous expliquerai... demain... c'est un secret...
J'ai quitté Sens hier pour un grave intérêt.
Adieu... Ne parlez pas de moi.

LECOMTE.

C'est très-facile !...

SIMON.

Du reste, si je puis, mon cher, vous être utile...
Venez... Mon successeur demeure près d'ici,
Nous causerons chez lui... quand vous voudrez.

LECOMTE.

Merci...

Chez votre successeur je ne vais plus...

SIMON.

Qu'entends-je !

LECOMTE.

De ses quatre et demi, croit-il donc qu'on s'arrange ?

SIMON.

Heim !

LECOMTE.

J'ai changé d'idée et j'ai bien fait morbleu!..

SIMON.

Est-ce que par hasard vous auriez un neveu...

LECOMTE.

Oui...

SIMON.

Qui depuis dix ans a quitté le village?

LECOMTE.

Oui...

SIMON.

Qui joue à Paris un très-grand personnage?..

LECOMTE.

Oui...

SIMON.

Qui vous a fermé sa porte au nez hier?..

LECOMTE.

Oui .. C'est-à-dire non!...

SIMON.

C'est-à-dire oui, mon cher!..
Vous êtes un nigaud!...

LECOMTE.

Plaît-il?..

SIMON.

Père Lecomte,
Vous voulez vous venger, n'est-il pas vrai?..

LECOMTE.

J'y compte!..

SIMON.

Vous êtes sûr d'avoir un excellent moyen...

LECOMTE.

Oui...

SIMON.

Vous allez gagner des millions?..

LECOMTE.

Très-bien !..

SIMON *s'en allant.*

Bonjour !...

LECOMTE.

Et tout le monde en crèvera de rage...
Et mon fils, dans huit jours, va quitter le village,
Et je le fais venir à Paris...

SIMON.

Et dans peu
Il rougira de vous,... comme votre neveu!

LECOMTE.

Heim...

SIMON.

S'il vous reste encor tant soit peu de cervelle,
A triple cadenas fermez votre escarcelle...
Retournez à Rosoy sans entrer à Paris
Et, pour être honoré toujours par votre fils,
Si vous voulez en croire un conseil salutaire
Vous le ferez fermier...

LECOMTE.

Fermier?..

SIMON.

Comme son père!...
Comme son père!... Adieu... Rappelez-vous cela...

(Il sort à gauche.)

LECOMTE.

Au fait... il a raison peut-être...

SCÈNE XIII.

LECOMTE, PÉRINET, SAINT-LAURENT.

PÉRINET, au fond.

Le voilà !...

(Bas à Saint-Laurent.)

Eh c'est ce cher ami !... Bonne tête, heim...

SAINT-LAURENT.

Parfaite !...

PÉRINET.

Je vous cherchais partout...

SAINT-LAURENT, à part.

Quelle peur il m'a faite...

LECOMTE, bas à Périnet.

J'étais un peu pressé de savoir...

PÉRINET.

Sachez donc [1]

Que monsieur Saint-Laurent...Saluez...Plus bas... bon !..
Monsieur de Saint-Laurent, à qui je vous présente,
Daigne aujourd'hui vous tendre une main bienfaisante.

LECOMTE.

Se peut-il ?..

SAINT-LAURENT.

Non, monsieur,... bienfaisante est mal dit !..
C'est par mon amitié, monsieur,... par mon crédit,
Que je veux, secondant vos projets de vengeance,
D'un père de famille embrasser la défense !
Tout ce qui vous plaira, mon cher, je le ferai...
Vous avez de l'argent...

1. Périnet, Lecomte, Saint-Laurent.

LECOMTE.

Oui...

SAINT-LAURENT.

Je vous le prendrai !...

PÉRINET, bas à Lecomte.

Je vous l'avais bien dit... Vous voyez...

LECOMTE.

L'honnête homme !..

Pardon, mais justement, j'ai là toute la somme. .

PÉRINET, bas.

Très-bien !...

SAINT-LAURENT.

Fi donc !

PÉRINET, bas.

Poussez !...

LECOMTE.

Quarante mille francs !...

SAINT-LAURENT.

Cachez cela... je pars... Des intérêts très-grands
M'appellent à Paris... Je reviens dans trois heures,
Avec cent actions pour vous...

PÉRINET.

Et des meilleures !...

LECOMTE.

(A Saint-Laurent.) (A Périnet.)
Ah! monsieur!... Ah! mon cher!... Vous permettez...

PÉRINET.

Parbleu !...

SAINT-LAURENT.

Nous nous occuperons plus tard du cher neveu...

LECOMTE.

Quoi ! vous savez...

SAINT-LAURENT.

Je sais qu'un ingrat vous outrage ;
Mais s'il est insolent, soyez-le davantage !...
Ne vous inquiétez de rien... Par mon crédit,
Vous deviendrez si grand qu'il paraîtra petit !...
Il est riche... ce soir vous aurez la richesse !...
Il est noble... ce soir vous aurez la noblesse !...
C'est très-simple !... on ajoute à son nom seulement
Sa ville, son village, ou son département !...
Tout cela, rattaché par une particule,
Fait un superbe nom d'un nom très-ridicule !...
Périnet, que voici, quand bon lui semblera,
Peut se nommer... monsieur Périnet du Jura !...
Moi-même, si j'étais de naissance bourgeoise,
Je m'intitulerais Saint-Laurent de Pontoise !...
C'est l'usage... chacun le fait... Vous le ferez...

PÉRINET.

Et votre fils sera tout ce que vous voudrez !...
Ministre ou sous-préfet, pour peu que ça vous plaise...

SAINT-LAURENT.

Et de votre neveu vous rirez à votre aise !...

PÉRINET.

Et si, vous-même, un jour, vous en êtes tenté,
Vous pourrez, au besoin, devenir député.

LECOMTE.

Député !...

SAINT-LAURENT.

Pourquoi pas ?...

LECOMTE.

Voilà ce que j'appelle
Des braves gens, taillés sur un fameux modèle.
Que faut-il faire?

SAINT-LAURENT.

Rien.

LECOMTE.

C'est facile... En ce cas,
Je m'abandonne à vous.

SAINT-LAURENT, à Périnet.

Ne l'abandonne pas !...

PÉRINET.

Je vous réponds de lui.

(Saint-Laurent sort.)

LECOMTE.

Ces chers amis !... j'en pleure...
Et ce monsieur Simon, qui voulait tout à l'heure...
Fermier!... fi donc! mon cher, c'est se moquer de nous!...
Fermier ! mon fils sera notaire... comme vous !...

(Il sort avec Périnet.)

FIN DU PREMIER ACTE.

ACTE DEUXIÈME.

(Même décoration.)

SCÈNE PREMIÈRE.

ANNETTE, MARCEL.

MARCEL, à la cantonade.

Allons, c'est bien !...

ANNETTE.

Quel bruit !

MARCEL, à la cantonade.

Monsieur va revenir...
Maintenant descendez, et tâchons d'en finir.
L'antichambre de fleurs n'est pas assez ornée ;
Mettez-en sur la table et dans la cheminée...
Partout !...

ANNETTE.

Que d'embarras !

MARCEL.

Ah ! belle enfant, j'allais
Vous porter mes respects.

ANNETTE.

Merci bien... gardez-les !...

MARCEL.

Méchante !... Et demander...

ANNETTE.

Quoi?

MARCEL.

Si mademoiselle

Dîne ou ne dîne pas

ANNETTE.

Elle dîne.

MARCEL.

Ah !...

ANNETTE.

Chez elle ..

MARCEL.

Encore...

ANNETTE.

S'il vous plaît.

MARCEL.

Entre nous, elle a tort...
Du comte de Rosoy je m'arrangerais fort...

ANNETTE.

Tu n'es pas dégoûté!... mais nous...

MARCEL.

Vous êtes folles !
C'est un vrai grand seigneur... généreux...

ANNETTE.

En paroles!

MARCEL.

Je me trouve très-bien d'être de ses amis.

ANNETTE.

Il t'a donné beaucoup?

MARCEL.

Il m'a beaucoup promis...

ANNETTE.

Les promesses, mon cher, ne ruinent personne...
Un seigneur qui promet vaut-il un gueux qui donne?
Non!... nous ne voulons pas du comte ni de toi!...

MARCEL.

Bah!... Mais tu m'as promis...

ANNETTE.

Je ne dis pas non.

MARCEL.

Quoi!

Pourrais-tu maintenant?...

ANNETTE.

J'ai promis, mais...

MARCEL.

Friponne!.

ANNETTE.

Les promesses, mon cher, ne ruinent personne!...

MARCEL.

Tu ris...

ANNETTE.

Non pas.

MARCEL.

Vrai!...

ANNETTE.

Vrai.

MARCEL.

Tu me paieras cela.

ANNETTE.

Soit.

MARCEL.

Au revoir...

ANNETTE.

Bonjour !...

(Il sort.)

SCÈNE II.

ANNETTE, PUIS AGATHE.

ANNETTE, regardant la porte.

Ils sont encore là. .
C'est drôle ! on entre ici comme dans une halle...
Chacun, où bon lui semble, à son aise s'installe...
Et monsieur, que l'on traite en aveugle... qu'il est,
Au lieu de s'en fâcher, trouve cela parfait...

AGATHE.

Annette !

ANNETTE.

Chut !

AGATHE.

Mon père est-il là ?

ANNETTE.

Pauvre fille !...
Eh, mon Dieu ! non...

AGATHE.

Tant mieux ! Par la petite grille
Je viens de voir entrer mon parrain... Je tremblais...

ANNETTE.

Ne craignez aujourd'hui ni maîtres ni valets :
Personne ne sait plus où donner de la tête...
Monsieur court... Marcel veille au dîner qui s'apprête ;
Quant aux deux affidés de monsieur Saint-Laurent,
Ils sont là... regardez... l'un dort...

SCÈNE III.

LES MÊMES, SIMON.

SIMON.

On vous y prend !
Courage !... espionnons par le trou des serrures...

AGATHE.

Mon bon parrain !...

SIMON.

C'est donc la chambre aux aventures !...
Que se passe-t-il là?... voyons... Est-ce permis !...

ANNETTE.

C'est monsieur Périnet et l'un de ses amis.

SIMON.

Ah bah !... mon Bourguignon...

ANNETTE.

Juste...

SIMON.

La place est bonne,
Je la connais... j'en puis parler mieux que personne.
Mais que diable y font-ils ?

ANNETTE.

Ils ont couru si fort
Que votre Bourguignon est rentré presque mort.
Ce monsieur Périnet a tué le pauvre homme,
Et, pour le réveiller, il lui fait faire un somme.

SIMON, regardant.

C'est vrai !... Tout de son long, couché dans un fauteuil,
Il dort... et Périnet ne le perd pas de l'œil....

Périnet !... J'en ai su des nouvelles en route...
Mais silence, on entend pour peu que l'on écoute.

(Ils s'éloignent.)

— Ah ça, décidément, et le cœur sur la main,
Le comte te déplaît, n'est-ce pas?...

AGATHE.

Mon parrain...
Pourriez-vous croire...

SIMON.

Non... pas du tout... Au contraire,
J'ai déjà travaillé, sans crainte, à t'en défaire.
Mon fils vaut beaucoup mieux .. je n'en doutais pas.. mais
J'en suis encor plus sûr maintenant que jamais...
Contre le Saint-Laurent je n'ai pu rien apprendre;
Quant au sieur Périnet, qui voudrait bien m'entendre,
Et qui déguerpirait s'il me savait ici,
Je le connais à fond... très à fond, Dieu merci!...
J'avais complétement oublié son histoire,
Dont tout à l'heure on m'a rafraîchi la mémoire.
Jadis, dans mon étude, amateur peu zélé,
Le drôle ne m'a pas précisément volé...
Mais il s'en est fallu de si peu... qu'à la porte
Je l'ai mis... sans attendre une raison plus forte.
Je ne suis pas payé pour l'aimer aujourd'hui,
Et j'augure assez mal des autres d'après lui !...
Du reste, tel qu'il est, il va m'aider peut-être,
Et j'ai compté sur lui pour un rôle de traître...
Si mon plan réussit, comme j'en ai l'espoir,
Le cher comte en prison pourra coucher ce soir...

AGATHE.

Le comte...

SIMON.

De Rosoy!... fripon de même espèce,
Qui pratique assez bien le vol à la noblesse ..
En seigneur de raccroc paysan travesti,
Sur son nom, sur son rang, sur tout il a menti...
Et sans moi... sans le ciel qui m'inspira lui-même...
Victime... pauvre enfant!... d'un lâche stratagème,
Voilà le noble époux que l'on te destinait.

AGATHE.

Mais alors...

SIMON.

Je suis là... ne crains rien... Périnet
De la friponnerie a des preuves certaines
Qui passeront bientôt de ses mains dans les miennes.
Pour m'assurer de lui, j'ai déjà tout prévu...
Il ne sortira pas d'ici sans m'avoir vu...
Et quand j'aurai, ce soir, de ces grands personnages,
Grâce à sa trahison, démasqué les visages,
En secret averti, par moi, du bon moment,
Maître Jean Simon fils arrive au dénouement.

AGATHE.

Lui!...

ANNETTE.

Bravo!

SIMON.

Nos vauriens se fâchent... on les chasse.
A leur nez, à leur barbe, on s'explique, on s'embrasse...
Et le roman finit, comme tous les romans,
Par un bon mariage entre les deux amants...

AGATHE.

Mon cher parrain!..

SIMON.

Sur ce, je vous laisse... Le comte
Ne peut tarder, j'espère, à revenir..

ANNETTE, regardant par la fenêtre.

Il monte.

SIMON.

Tout seul?

ANNETTE.

Avec monsieur.

SIMON.

Diable!

ANNETTE, regardant au fond.

Et de ce côté
Voici le Saint-Laurent.

AGATHE.

Ciel!

SIMON.

J'en suis enchanté!...

AGATHE.

Mais...

SIMON.

Plus on est de fous, plus on rit, ce me semble;
Tous trois dans mes filets viennent tomber ensemble...
Tant mieux! on les prendra tous les trois d'un seul coup!
Adieu donc... bon courage... et silence surtout.

AGATHE.

Jusqu'à votre retour je condamne ma porte.

ANNETTE.

Voici notre homme.

SIMON.

Eh bien?

AGATHE.

Il va vous voir.

SIMON.

Qu'importe?...
Il ne me connaît pas... Mais j'espère aujourd'hui
Faire, bon gré, mal gré, connaissance avec lui!...

(Agathe et Annette rentrent.)

Allons, messieurs, voici le moment de combattre...
L'ennemi n'a pas peur, et monte quatre à quatre.
Avec mes alguazils je vais avoir mon tour...
Je les tiens tous... Monsieur, j'ai bien l'honneur.

SAINT-LAURENT.

Bonjour.

SIMON, sortant par la porte à gauche.

Au revoir, drôle!...

SCÈNE IV.

SAINT-LAURENT, PUIS PÉRINET.

SAINT-LAURENT.

Holà!... quelqu'un!... Marcel! Annette!...
Ah! ça, mais tout le monde a donc perdu la tête...
Maudits wagons!... j'ai cru qu'on n'en sortirait pas.
Marcel!... Où diantre est-il?... Marcel!

PÉRINET, sortant du cabinet à droite.

Plus bas!... plus bas!...

SAINT-LAURENT.

Périnet?...

PÉRINET.

(Montrant les billets.)

Périnet lui-même!... et compagnie!...

Je commence à me croire un homme de génie.

SAINT-LAURENT.

Notre argent?

PÉRINET.

Le voici...

SAINT-LAURENT.

Très-bien.

PÉRINET.

Nos actions?

SAINT-LAURENT.

Les voilà... Mais notre homme?...

PÉRINET.

Il rêve millions...

SAINT-LAURENT.

Il dort?

PÉRINET.

Et dormira longtemps encor, j'espère...
J'ai bien fait pour cela tout ce qu'on pouvait faire.
Je n'ai jamais tant vu de pays qu'aujourd'hui.
Quel voyage!... J'allais m'endormir comme lui
Lorsqu'enfin votre voix... Mais s'il s'éveillait?. . Diable!
Il faut lui ménager la surprise agréable
De son rêve accompli miraculeusement...
Dors, heureux Bourguignon... le bien vient en dormant.

(Il lui porte les actions.)

SAINT-LAURENT, après avoir compté les billets.

On ne peut refuser ce que l'on vous confie...
Je n'en voulais pas tant... mais je me sacrifie...

PÉRINET, rentrant.

Là... je viens de combler notre homme de bienfaits...
Je suis toujours heureux des heureux que je fais...

Partons-nous?

SAINT-LAURENT.

Oui... Lecomte est rentré?

PÉRINET.

Je l'ignore...
Je l'attendais... sans vous je l'attendrais encore...

SAINT-LAURENT.

Je ne tiens pas du tout à le voir... loin de là...
J'ai préparé pour lui la lettre que voilà...
A notre rendez-vous je ne veux plus qu'il vienne.

PÉRINET.

Votre éloquence a peur de rougir de la sienne?...

SAINT-LAURENT.

Peut-être... les bavards sont très-bons à cacher...
Quand il en sera temps, je l'enverrai chercher :
On l'a déjà trop vu... Le gendre et le beau-père
Viennent encor, je crois, de gâter notre affaire...
Si j'avais été là j'aurais tout réparé;
J'y cours!... je parlerai, séduirai, promettrai!...
Cette lettre avertit Lecomte de m'attendre,
Et lui dit qu'au besoin quelqu'un viendra le prendre.
L'essentiel serait qu'il la reçût à temps...
Pour s'amuser, du reste, il trouvera dedans
Un recueil de billets de toutes les espèces :
Souvenirs de tailleurs... mémoires de maîtresses...
Six protêts de selliers... onze de carrossiers...
Répertoire complet de tous nos créanciers!
Je leur fais annoncer que la caisse est ouverte...
Qu'on les paiera dimanche... à cent pour cent de perte...
D'ici là nous aurons liquidé Girardot,
Et noyé la d'Elmar, qui remonte sur l'eau...

SAINT-LAURENT.

Il faut en même temps que je me débarrasse
D'un nouvel ennemi dont le ciel nous menace ;
Un oncle, ou je ne sais quel parent paternel,
Qui s'est venu casser le nez à notre hôtel...
Heureusement, ici nous n'avons rien à craindre,
Et tout ce monde-là ne saurait nous atteindre.
Ah ! ça, mais, ventrebleu ! va-t-on venir !

PÉRINET.

Pourquoi?

SAINT-LAURENT.

Cette diable de lettre...

PÉRINET.

Encor?... donnez-la-moi.
Je me charge, monsieur, d'arranger votre affaire.

SAINT-LAURENT.

Tu sais...

PÉRINET.

Certainement, je sais ce qu'il faut faire.
On vous attend... partez... Je reste... sans témoins
Je remets cette lettre au comte... et vous rejoins.
Je vous réponds de tout.

SAINT-LAURENT.

Soit... On vient... je m'esquive.

SCÈNE V.

PÉRINET, PUIS M. SIMON.

PÉRINET.

Pour arriver, on a du mal... mais on arrive...
L'intrigue !... je le sens, j'étais né pour cela ;

Une fois bien lancé, j'irai loin !...

SIMON.

Halte là !

PÉRINET.

(A part.)

Plaît-il?... Oh ciel !

SIMON.

Ma vue a l'air de vous déplaire;
Ça ne m'étonne pas... Simon, ancien notaire,
Vous me reconnaissez?... Je vous savais ici,
Et je viens vous chercher. Pour quel sujet?... voici !...
Vous êtes un fripon !... j'ai contre vous, en poche,
Des preuves qui pourraient vous perdre... Sans reproche,
Je ne vous en veux pas... du tout... mais, d'un seul mot,
Je puis vous faire mettre en prison... s'il le faut...

PÉRINET.

Monsieur!...

SIMON.

Cela posé, parlons tout à notre aise...

PÉRINET, à part.

Que faire?...

SIMON.

J'ai besoin de vous... ne vous déplaise !...
Vous avez peur de moi... donc, réciproquement,
Nous devons nous entendre assez facilement...
Monsieur, vous avez là deux billets que j'exige !...

PÉRINET.

Deux billets?

SIMON.

Protestés !...

PÉRINET.

Mais...

SIMON.

Ils y sont, vous dis-je!...
Hier, ne sachant pas que vous la trahissiez,
Une dame d'Elmar vous les a confiés...
Ma proposition n'a rien qui vous effraie :
Si vous me les donnez, je les prends et les paie!...
Sinon, tant pis pour vous!... Jusqu'ici, par pitié,
J'ai parlé doucement, et n'ai pas réveillé
Le sot qui, près de nous, sur un volcan sommeille.

PÉRINET.

Grands dieux!...

SIMON.

De cette chambre on entend à merveille.
J'étais là, ce matin... quand vous et Saint-Laurent
De vos honteux secrets m'avez mis au courant.
Tâchez... si vous voulez que rien ne se découvre,
De me fermer la bouche... on sait tout si je l'ouvre...
Je veux que ces billets, entre mes mains remis,
M'arment, non contre vous, mais contre vos amis...
Je parle franchement... répondez-moi de même.
Mon fils, un honnête homme, aime Agathe... qui l'aime.
Je veux les marier... et je les marierai...
Et je me servirai de vous, bon gré, mal gré!...
Si vous me secondez, l'affaire sera bonne...
Tout ce qu'on vous avait promis, je vous le donne!...
Plus! même; je n'y mets qu'une condition...
Vous voyez bien, là bas, ce petit pavillon?...
Pour m'assurer de vous, je n'agis pas en traitre,
Je vous y tiens, sous clef, jusqu'à demain.

PÉRINET, à part

Peut-être...

SIMON.

Du reste, vous aurez tout ce qu'il vous faudra ;
Mais, jusqu'à demain soir, nul que moi n'y viendra...
Est-ce dit?

PÉRINET.

Permettez!...

SIMON.

Vite!... Je vous en prie..
Donnez-moi mes billets... ou sans cela je crie!...

PÉRINET, à part.

Cette lettre... comment la faire parvenir?
(Haut.)
J'y suis!... Jamais, monsieur!

SIMON.

Jamais! .. Il va venir.

PÉRINET.

Qu'il vienne!

SIMON.

D'un seul mot je pourrais vous confondre...

PÉRINET.

Parlez... criez... à tout je suis prêt à répondre!

SIMON.

Pour la dernière fois, voulez-vous?

PÉRINET.

Non!

SIMON.

Eh! bien,
Puisqu'il en est ainsi, je ne ménage rien...
(Haut.)
Une juste fureur à ma pitié succède!...
(Criant.)
Il m'entendra! vous dis-je.

LECOMTE, dans le cabinet.

Eh! là-bas .. eh!...

PÉRINET.

Je cède!

SIMON.

A la bonne heure!

LECOMTE, entrant.

Ah! ça... je dormais donc?

SIMON.

Venez!...

PÉRINET.

(A Lecomte en lui donnant la lettre.)

Me voilà... Je vous suis... Prenez vite!... prenez!...

(Simon et Périnet sortent.)

SCÈNE VI.

LECOMTE, seul.

[d'homme!
Tiens! Dites donc, mon cher... eh! mon cher! drôle
Je crois, décidément, que j'ai fait un bon somme...
Ça m'a rendu la force... et l'appétit, ma foi!...
Voyons... Monsieur... monsieur le comte de Rosoy...
Pourquoi diable m'a-t-il chargé de cette lettre?...
Je ne sais pas à qui, ni comment la remettre...
Le comte de Rosoy,.. sans adresse... Ce nom
Ne m'est cependant pas inconnu... Rosoy?... Non!...
Cela ne se peut pas... Ils auront voulu rire...
Au fait... je les entends tous deux encor me dire :
« C'est très-simple!... on ajoute à son nom seulement
« Sa ville, son village... ou son département...

« Tout cela, rattaché par une particule,
« Fait un superbe nom d'un nom très-ridicule!... »
Rosoy!... Le comte... de!... Le comte de Rosoy!...
Oui dà, mon cher neveu, c'est moi! c'est parbleu moi!
« Il est noble... ce soir vous aurez la noblesse...
« Il est riche... ce soir vous aurez la richesse!... »

(Apercevant les actions qui sortent de sa poche.)

Qu'est-ce que c'est que ça?... Grands dieux!... mes actions.

(Lisant.)

Capital social : quatre-vingts millions!...
Je ne sais vraiment plus où donner de la tête!...
Me voilà grand seigneur... et ma fortune est faite!...
Oui, monsieur mon neveu... Le comte de Rosoy!...
C'est écrit!... et mon fils le sera comme moi!...
Et vous aurez beau faire, et vous aurez beau dire!...
Pour qu'il vienne demain... ce soir je veux écrire ..
Ah! vous avez osé m'envoyer promener...

SCÈNE VII.

LECOMTE, LE COMTE DE ROSOY.

LE COMTE DE ROSOY, en dedans à gauche.

Tout à l'heure... il m'attend... je vais vous l'amener...

LECOMTE.

Si je le vois jamais...

LE COMTE DE ROSOY.

Pardon, monsieur...

LECOMTE.

Qu'il tremble!

LE COMTE DE ROSOY.

Saint-Laurent n'est pas là?

LECOMTE.

Non, monsieur, il me semble.

LE COMTE DE ROSOY.

Cependant, tout à l'heure il m'a fait prévenir
Qu'il m'attendrait ici...

LECOMTE, assis à gauche.

C'est qu'il y va venir
Probablement. Pardon, voulez-vous bien permettre...
J'étais en train, monsieur, de lire cette lettre...

LE COMTE DE ROSOY.

(A part.)

Continuez, monsieur, continuez... Voilà
Un drôle d'homme! Où diantre ai-je donc vu cela?

(Il s'assied à droite.)

LECOMTE lisant.

Tout va très-bien... Tant mieux... *l'élection est sûre.*
L'élection...

LE COMTE DE ROSOY, se levant.

Monsieur...

LECOMTE.

J'achève ma lecture.
Je suis à vous...

LE COMTE DE ROSOY.

Encore...

LECOMTE.

Attendez-moi... j'attends...
On viendra vous chercher quand il en sera temps.
Qu'on vienne!

LE COMTE DE ROSOY, à part.

Pour le coup, c'est Saint-Laurent qui monte.
Non.

LECOMTE, lisant.

Je vous avertis qu'hier...

SCÈNE VIII.

LE COMTE DE ROSOY, LECOMTE, UN GARDE DU COMMERCE, UN ÉLECTEUR.

LE GARDE DU COMMERCE, bas à Lecomte.

Monsieur le comte
De Rosoy?

LECOMTE.

Quoi!

L'ÉLECTEUR, au comte.

Monsieur le comte de Rosoy?

LE COMTE DE ROSOY.

Plaît-il?

LECOMTE.

Que voulez-vous, mon cher? C'est moi.

LE COMTE DE ROSOY.

C'est moi.

L'ÉLECTEUR, au comte.

Au club préparatoire on voudrait vous entendre.

LE GARDE DU COMMERCE, bas à Lecomte.

Vous comprenez.

LECOMTE.

Parbleu! c'est facile à comprendre.

L'ÉLECTEUR, au comte.

Monsieur Saint-Laurent croit que c'est le bon moment.

LECOMTE au garde du commerce.

Mon ami Saint-Laurent, n'est-ce pas?

LE GARDE DU COMMERCE.

Justement.

LE COMTE DE ROSOY.

Très bien.

LECOMTE.

Très-volontiers.

LE COMTE DE ROSOY.

Quand vous voudrez.

LECOMTE.

Sans doute.
J'attendais... je pourrai lire le reste en route.
Partons.

LE COMTE DE ROSOY, à la porte.

Passez, monsieur,

LECOMTE.

Non, monsieur... s'il vous plait;
Après vous.

LE COMTE DE ROSOY.

Après vous,

LECOMTE.

Pardon.

LE COMTE DE ROSOY.

Pardon.

(Ils sortent par la porte du fond.)

LE GARDE DU COMMERCE, à M. Simon, qui entre par la porte de gauche.

C'est fait!

SIMON.

Bien! Ne le quittez pas.

SCÈNE IX.

SIMON, AGATHE, ANNETTE.

SIMON, à la porte d'Agathe

Agathe ! vite, Agathe !
C'est moi. Victoire ! On tient l'ennemi... je m'en flatte.
(A Annette.)
Il était temps... Courez. Girardot est ici...

AGATHE.

Mon père !

SIMON.

Veux-tu bien ne pas trembler ainsi.
C'est un bon diable au fond... je me fais une fête
De manger son dîner que pour l'autre il apprête.
(A Annette.)
Dites qu'un électeur, très-pressé de le voir,
Demande s'il pourrait ici le recevoir.
(Annette sort.)
(A Agathe.)
Tu verras sa surprise et sa fureur peut-être,
Quand, au lieu d'un convive, il va me reconnaître.
Il croira que le diable est descendu chez lui,
Tout exprès pour troubler la fête d'aujourd'hui.
J'en rirai de bon cœur.

AGATHE.

Et moi pas.

SIMON.

Au contraire.
Je rirai, tu riras, nous rirons tous, j'espère.
Je veux que Girardot, reconnaissant son tort,

En rie autant que nous, et peut-être plus fort.
Pour avoir peur de lui je suis trop bien en garde.
Quelle mine il va faire !

ANNETTE *rentrant.*

Il vient.

AGATHE.

Déjà !

SIMON.

Regarde.

SCÈNE X.

ANNETTE, AGATHE, SIMON, GIRARDOT.

GIRARDOT.

Pardon, monsieur, pardon. Si j'avais su. Grands dieux !
Cela ne se peut pas...

SIMON.

Si fait... Bonjour, mon vieux.

GIRARDOT.

Vous, ici, vous chez moi...

SIMON.

Précisément, moi-même.
Ici... chez toi...

GIRARDOT.

Monsieur !

SIMON.

Chez un ingrat... que j'aime.

GIRARDOT.

Et vous n'avez pas craint ?...

SIMON.

Je n'ai pas craint du tout.

GIRARDOT.

Monsieur ! je ne saurais écouter jusqu'au bout
De pareils propos... Ciel ! ma fille !

SIMON.

Ma filleule !
Qu'ici j'ai retrouvée en larmes... toute seule.
Vous n'étiez pas là, vous. J'ai bien fait d'arriver.
Son père la perdait... je viens de la sauver.

GIRARDOT.

Ah ça, décidément, que prétendez-vous dire ?

SIMON.

Que je me fâcherais, si je n'aimais mieux rire !
Nous serions fous, vraiment, d'éterniser ainsi
Des orages qu'un mot peut finir, Dieu merci.
Girardot, mon ami, voyons, je t'en conjure...
Ce que tu vas entendre est la vérité pure.
On te trompait. Tout autre eût été, comme toi,
Séduit par Saint-Laurent et le sieur de Rosoy,
Deux aimables voleurs de la haute volée,
Qui lorgnaient ta fortune et te l'auraient soufflée ;
Mais, fort heureusement, du danger prévenu,
J'ai voulu t'y soustraire et j'y suis parvenu.
Moi, depuis quarante ans l'ami de la famille,
J'ai sauvé d'un seul coup ta fortune et ta fille ;
Et ce ne sont pas là des paroles en l'air.
Ce que je dis, je vais le prouver... oui, mon cher,
Le comte de Rosoy, monsieur ton futur gendre,
Que l'on attend au club, et qui s'y fait attendre,
Arrêté, tout à l'heure, ici, dans ta maison,
Comme un fripon qu'il est, va dîner en prison.

GIRARDOT.

Le comte de Rosoy !

SIMON.

Lui-même.

GIRARDOT.

Est-il possible ?

SIMON.

C'est certain.

GIRARDOT.

Mais alors on voulait...

SIMON.

C'est visible,

On voulait se moquer de toi.

GIRARDOT.

Simon...

SIMON.

Parbleu !...

Pour ne pas bien jouer ils avaient trop beau jeu.

GIRARDOT.

Cependant je suis sûr...

SIMON.

Je suis sûr du contraire.

GIRARDOT.

Tu crois donc que le comte...

SIMON.

Et son digne confrère

Ont dejà beaucoup fait et feront encor plus

Pour te voler ta fille, et surtout tes écus.

La preuve... tu l'auras.

GIRARDOT.

Donne, donne, et j'espère

Bientôt, dans ma fureur...

LE COMTE, en dehors.

Beau-père...

AGATHE.

Oh ciel !

LE COMTE.

Beau-père...

GIRARDOT.

C'est sa voix, c'est bien lui !...

SIMON.

Lui ! qui ?...

AGATHE.

Le comte.

SIMON.

Non !...

SCÈNE XI.

ANNETTE, AGATHE, SIMON, LE COMTE DE ROSOY, GIRARDOT.

LE COMTE.

Victoire !.. c'est fini !...

GIRARDOT, à Simon.

Que me disiez-vous donc ?...

SIMON.

(Au comte.)

Je te disais... Monsieur...

GIRARDOT, au comte.

Je veux savoir ..

AGATHE, à part.

Je tremble...

SIMON ET GIRARDOT.

D'où venez-vous ?

LE COMTE.

Pardon... ne parlons pas ensemble...

SIMON.

D'où venez-vous?

LE COMTE.

Du club.

SIMON.

Du club !...

LE COMTE.

Directement,
Où j'ai même parlé très-bien, sans compliment.
C'est pour cela qu'ici l'on m'était venu prendre.

SIMON.

Tout à l'heure...

LE COMTE.

Sans doute et je ne puis comprendre...

AGATHE, à part.

Dieux !. .

GIRARDOT, à Simon.

Mais alors...

SIMON.

(Au comte.)

J'y suis !... Vous ne comprenez pas...
Eh bien ! moi je comprends... et je cours de ce pas ..
Oui, c'est cela, les sots ont commencé par l'autre.

LE COMTE.

Plaît-il...

SIMON.

Chacun son tour... Je vous promets le vôtre ..

Ah c'est le Saint-Laurent qu'on m'a mis en prison.

LE COMTE.

En prison...

SIMON.

En prison...

GIRARDOT.

Saint-Laurent !...

SCÈNE XII.

ANNETTE, AGATHE, SIMON, GIRARDOT, SAINT-LAURENT, LE COMTE DE ROSOY.

SAINT-LAURENT.

Allons donc !..

SIMON.

Que vois-je ?..

AGATHE.

Ciel !..

GIRARDOT.

Eh bien !..

SAINT-LAURENT.

Venez-vous ?

LE COMTE, bas à Saint-Laurent.

Mais...

SAINT-LAURENT, bas.

Silence !

(Haut.)

Je sais tout... On se plaint en bas de votre absence,
Et la foule déjà commence à s'étonner
Que les amphitryons manquent seuls au dîner.

GIRARDOT, à Simon.

Vous l'entendez... Ainsi, c'est de moi qu'on se moque.

SIMON, à Girardot.

Quoi... Vous croyez! ..

GIRARDOT.

Parbleu!..

SIMON.

Vous croyez... Je suffoque!..

(A Saint-Laurent)

C'est indigne... Monsieur, quand vous êtes entré,
Je disais... devant vous je le répéterai...
Je disais...

SAINT-LAURENT.

Bien, monsieur, votre excuse est très-bonne;
Si vous disiez du mal de moi... je vous pardonne ..

SIMON.

Plaît-il... Vous m'entendrez...

SAINT-LAURENT.

Très-volontiers, plus tard...

SIMON.

Pour madame d'Elmar j'ai...

SAINT-LAURENT.

Madame d'Elmar...
Qu'est-ce que c'est que ça?...

SIMON.

Vous pourriez...

SAINT-LAURENT.

Je déteste
Les disputes... Adieu!...

SIMON.

Pas encore; il me reste

Un témoin,... un témoin par moi-même arrêté
Qui fera devant vous briller la vérité,
Votre ami Périnet !... Vous n'oserez peut-être
Renier celui-là...

SAINT-LAURENT.

Non certe... Il peut paraître...

SCÈNE XIII.

ANNETTE, AGATHE, GIRARDOT, PÉRINET, SAINT-LAURENT, LE COMTE DE ROSOY.

PÉRINET.

A table !..

SIMON.

Périnet !..

LE COMTE.

Périnet !

SAINT-LAURENT.

Justement
Le voici !.. C'est parbleu venir au bon moment...

SIMON, haut à Périnet.

Par où diable êtes-vous sorti ?

PÉRINET, bas.

Par la fenêtre !..

SIMON.

Heim !..

PÉRINET, haut.

Je n'ai pas, monsieur, l'honneur de vous connaître,
Et je ne comprends pas...

SIMON.

Vous ne comprenez pas ?

PÉRINET.

Du tout...

SIMON.

Mais vous venez de me dire tout bas...

PÉRINET.

Quoi ?..

SIMON.

(A Girardot.)

D'ailleurs, je suis sûr... J'ai vu... je veux... j'exige.

SAINT-LAURENT.

Qu'est-ce que vous voulez ?

SIMON.

Je veux... j'ai vu, vous dis-je,
Positivement vu, là, de mes propres yeux,
Emmener en prison l'un de ces deux messieurs...

SAINT-LAURENT.

En prison... Halte-là !.. Cette plaisanterie
A duré trop longtemps... Finissons, je vous prie...

SIMON.

Mais...

SAINT-LAURENT.

Si vous ajoutez un mot...

SIMON.

J'ajouterai
Tout ce que je saurai, tout ce que je voudrai...
Que le comte n'est pas un comte véritable...

LE COMTE.

Monsieur !...

SIMON.

Que Périnet est un traître pendable...

PÉRINET.

Monsieur !..

SIMON.

Que tous les trois vous n'avez pas le sou;
Qu'enfin...

SAINT-LAURENT.

Allons, mon cher, allons, vous êtes fou!..
De vos inventions personne n'est la dupe;
Nous savons tous trop bien quel projet vous occupe;
Mademoiselle Agathe, et j'en suis peu surpris,
A le bonheur de plaire à monsieur votre fils...

AGATHE.

Monsieur!..

SIMON.

Certainement!.. Mais lui déplairait-elle,
Qu'à ma vieille amitié pour Girardot fidèle,
Je me ferais toujours un devoir...

SAINT-LAURENT.

D'accuser
Des gens qui d'un seul mot vont le désabuser...

SIMON.

Mais j'ai des preuves...

SAINT-LAURENT.

Vous... Ah fi! c'est une honte...

(Au comte.)

Votre banquier, mon cher, m'a remis cet à-compte:
Quarante mille francs!...

GIRARDOT.

Voilà des preuves!...

SIMON.

Quoi!
Tu ne me crois pas?

GIRARDOT.

Non!..

SIMON.

Adieu !..

AGATHE.

Je vous crois, moi !..

(A Girardot.)

Mon bon père !..

GIRARDOT.

Demain vous serez mariée !...

AGATHE.

De grâce !..

SAINT-LAURENT, à part.

Bien... L'affaire est tout à fait brouillée...

GIRARDOT, à Agathe.

Levez-vous !..

AGATHE.

Par pitié !..

GIRARDOT.

Pour la dernière fois,

(A Simon.)

Je l'ordonne !.. Sortez !...

SIMON, à Agathe.

Tu le vois !.. tu le vois !..

SAINT-LAURENT.

Bravo !.. Le Girardot va tout seul...

PÉRINET.

A merveille !..

GIRARDOT.[1]

Et nous, messieurs... à table !..

SIMON.

Oui... je vous le conseille !

1 Annette. — Agathe. — Simon. — Saint-Laurent. — Girardot. — Le comte. — Périnet

De notre pauvre enfant, votre amour paternel
A pris soin d'assurer le malheur éternel !..
Courez vous réjouir !.. Adieu ... Par cette porte
Je sors, puisque l'on ose ordonner que je sorte...
Moi qui vous aimais tant !.. Mais je vous oublierai...
Vous ne me verrez plus jamais !..

(A part, en regardant Agathe.)

Je reviendrai !..

FIN DU DEUXIÈME ACTE.

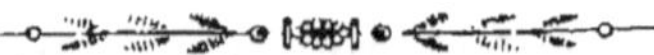

ACTE TROISIÈME.

(Même décoration.)

SCÈNE PREMIÈRE.

AGATHE, seule ; elle est près de la table, et termine une lettre.

J'ai tort... mais si mon père à mes larmes résiste,
Dans son aveuglement, malgré moi, s'il persiste,
Si, par orgueil, ou bien par tendresse pour moi,
D'un hymen qui m'effraie il m'impose la loi,
Lorsque tout m'abandonne en ce péril extrême,
Il faut bien que je cherche à me sauver moi-même.
L'ami dont la présence était mon seul appui
A voulu vainement me défendre aujourd'hui.
S'il s'éloigne ce soir, demain que deviendrai-je?
Je n'aurai plus personne ici qui me protége...
Mon père ordonnera... Moi, quand j'aurai pleuré,
Ne pouvant rien de plus, je me résignerai...
Non... il le faut... je veux... j'irai, quoi qu'il m'en coûte,
C'est le dernier moyen qui me reste sans doute.
(A Annette, qui entre.)
Eh bien! qu'a dit mon père?...

SCÈNE II.

AGATHE, ANNETTE.

ANNETTE.

Il va venir.

AGATHE.

Vraiment,
Tu l'as vu?

ANNETTE.

Je le quitte... On n'est pas plus charmant!
J'entre... derrière lui je me glisse... avec peine...
Tant la salle à manger de convives est pleine.
Pendant que tout cela dévore et ne dit mot,
Je conte notre affaire à monsieur Girardot.
Par un de ces hasards dont le bon vin se mêle,
Il était en accès de vertu paternelle;
Bien loin de se fâcher, comme je le craignais :
— Certainement! dit-il, j'y vais aller... j'y vais...
Pour vous en prévenir aussitôt je m'esquive,
Tandis que Saint-Laurent, toujours sur le qui vive,
D'un œil inquisiteur interrogeant le mien,
Tâchait de tout comprendre, et ne comprenait rien.

AGATHE.

Mon bon père!...

ANNETTE.

Une fois avec lui, tête à tête,
Profitez-en... surtout ne restez pas muette...
Je conçois que tantôt vous ayez pu trembler;
Mais maintenant il faut parler, et bien parler...

Avez-vous du courage?

AGATHE.

Oui... j'en aurai, j'espère...

ANNETTE.

Allez... vous êtes bien fille de votre père!...
Le temps passe pendant qu'ici nous marchandons...
C'est ce soir ou jamais qu'il faut plaider... plaidons!...
A votre autre projet nous songerons ensuite;
Moi, je suis pour la lutte, et non pas pour la fuite...

AGATHE.

Et pendant ce temps-là, mon parrain furieux...

ANNETTE.

Votre parrain vous aime, et ferait beaucoup mieux,
Quoiqu'au fait on l'ait mis brusquement à la porte,
D'oublier sa fureur, pour nous prêter main-forte...

AGATHE.

Il ne s'en souvient plus, et, dans mon intérêt,
Sa bonté courageuse à tout consentirait.
Puis-je encor cependant permettre qu'il s'expose
A de nouveaux affronts dont je serais la cause?...
Non... Pour me confier à sa noble amitié,
Je n'avais qu'un moyen, et je l'eusse employé,
Tout à l'heure, sans toi... sans ta bonne réponse...
Je voulais... Cette lettre à mon père l'annonce...

ANNETTE.

Quoi!...

AGATHE.

Non... je ne pars pas, je reste; j'avais tort...
Mon père va venir, mon père m'aime encor!...
Qu'il ignore toujours qu'une pareille lettre...
Il vient... je l'entends... Ciel!...

SCÈNE III.

AGATHE, SAINT-LAURENT, ANNETTE.

SAINT-LAURENT.

Heim !... Plaît-il?..

ANNETTE, à part.

Ah ! le traître !...

SAINT-LAURENT.

Votre charmant accueil me touche au dernier point...

AGATHE.

Pardon... mais à vous voir je ne m'attendais point...

SAINT-LAURENT.

Girardot m'a tout dit, et j'accours à sa place.

AGATHE.

A sa place?...

SAINT-LAURENT.

Ordonnez... que voulez-vous qu'on fasse ?...
On vous obéira... j'en réponds de sa part...

AGATHE.

Il ne viendra donc pas?

SAINT-LAURENT.

Si fait... bientôt... plus tard...
Quoiqu'à votre désir il eût voulu se rendre,
L'instant est mal choisi, vous devez le comprendre.
C'est déjà tout au plus, au milieu du repas,
Si j'ai pu m'échapper... lui, ne le pouvait pas...
Voyons, méchante enfant, quand donc serons-nous bonne?
Tout le monde nous aime, et nous n'aimons personne...
A nos meilleurs amis au lieu de nous fier,

Nous les accusons tous... Saint-Laurent le premier...
Nous boudons, nous pleurons, nous sommes malheureuse,
Quand il faudrait ce soir être fière et joyeuse...
Par d'injustes soupçons chaque jour insulté,
De nous chérir encor le comte a la bonté;
Au lieu de se fâcher contre nous, sans rancune,
Il met tout à nos pieds, rang, titre, honneurs, fortune.
D'un honnête marchand simple fille aujourd'hui,
Nous deviendrons demain comtesse, grâce à lui!
Comtesse!... allons, c'est mieux que femme de notaire,
Il faut bien l'avouer... Et notre brave père,
Dont nous méconnaissons la tendresse et les droits,
Nous rend un grand service en forçant notre choix...
Comtesse!... vous aurez tout ce que l'on envie,
Tout ce qui fait l'orgueil... le bonheur de la vie!...
Des diamants au cou... des diamants au front...
Des chevaux insolents qui m'éclabousseront...
C'est gentil!... Sans compter ces riches bagatelles,
Ces mille riens charmants, ces satins, ces dentelles,
Qui, d'un moment à l'autre, arrivant de Paris,
Vont mettre à vos genoux la perle des maris!
Eh bien! qu'en dites-vous, et que devrai-je dire
Au tyran paternel... avec qui je conspire!...

AGATHE.

Dites-lui qu'en pleurant de n'avoir pu le voir,
Je me suis résignée à faire mon devoir...

SAINT-LAURENT.

A la bonne heure... Eh bien!...

AGATHE. (Elle va cacheter sa lettre.)

Annette... cette lettre
Pour mon père...

SAINT-LAURENT.

Donnez... je vais la lui remettre...

(Il la prend.)

Est-ce tout?...

AGATHE.

Dites-lui... que j'ai longtemps lutté...
Mais qu'enfin j'obéis à la nécessité...

SAINT-LAURENT.

C'est dit... Tu n'as pas vu mon Bourguignon, Annette?

ANNETTE.

Personne.

SAINT-LAURENT, à Agathe, qui sort.

Adieu, comtesse...

SCÈNE IV.

SAINT-LAURENT.

On n'est pas plus coquette!...
Pas une n'en réchappe... Oh corrupteur divin!
Diamant dont l'éclat jamais ne brille en vain!...
Ève, comme un gourmand traitant le premier homme,
Pour tenter sa vertu, lui présente une pomme...
La femme est plus coquette encor que lui gourmand...
Adam eût à la femme offert un diamant!...
Et je ne m'en plains pas!... Grâce à cette ressource,
On tient toujours le cœur des femmes dans sa bourse!...
La petite hypocrite, avec son air pleureur,
Elle se croit déjà comtesse au fond du cœur,
Et pleurerait bien plus, s'il fallait ne plus l'être;
Mais, au fait, comme on est tout ce qu'on peut paraître,

Voilà le comte noble et riche forcément ;
S'il le niait lui-même, on lui dirait qu'il ment.
Girardot est ravi, plus encor que sa fille,
De voir tous les honneurs fondre sur sa famille ;
Et l'ami Saint-Laurent, par-dessus le marché,
Pour sa petite part, n'est pas du tout fâché...
J'en conclus qu'il serait absurde et ridicule,
Quand on fait tant d'heureux, d'avoir aucun scrupule !

(A Périnet, qui entre.)

Ah !.,. me voici.... je rentre...

SCÈNE V.

SAINT-LAURENT, PÉRINET.

PÉRINET.

Inutile...

SAINT-LAURENT.

Comment?...

PÉRINET.

Tous nos gens sont partis.

SAINT-LAURENT.

Partis!...

PÉRINET.

Subitement!...

SAINT-LAURENT.

Partis!...

PÉRINET.

Ils n'en seront de retour que plus vite.
Vous-même aviez donné le signal de la fuite...
Et dès lors le dîner, très-bon, mais ennuyeux,

Semblait plus triste encore et plus silencieux...
N'ayant pas un bon mot dans toute sa mémoire,
Girardot s'épuisait à nous verser à boire...
Tout à coup, regardant ma montre par hasard,
Je m'aperçois qu'il est sept heures moins un quart...
Je me lève, et, d'un ton solennel, je m'écrie :
Le plaisir doit-il faire oublier la patrie?...
A ce speech éloquent, dont je riais tout bas,
On s'émeut, on s'agite, on suspend le repas,
On part!... mais en jurant à Girardot, qui pleure,
De revenir ici, dans une demi-heure,
Fêter par mille toasts, jusqu'à demain matin,
L'élu qui va sortir triomphant du scrutin!..,

SAINT-LAURENT.

Bien... mais le Bourguignon?...

PÉRINET.

Que voulez-vous qu'il dise?
Nous le délivrerons à la fin de la crise ..
Le quiproquo ne vient ni de moi, ni de vous...
Notre homme s'est trompé, tant pis... tant mieux pour [nous...
Trente heures de repos lui sont très-nécessaires,
Tâchons, pendant ce temps, d'arranger nos affaires;
Plus tard, tant bien que mal, on le consolera,
Et tout ce qu'on voudra qu'il croie, il le croira!...

SAINT-LAURENT.

Diable! mons Périnet, comme tu l'expédies!...
Ce moyen est très-bon... mais dans les comédies!...
Partout ailleurs je crois que l'on y serait pris.
Va racheter notre homme, et bien vite, à tout prix!...

PÉRINET.

Heim?

SAINT-LAURENT.

Quelques mille francs, que nous allons lui rendre,
Nous sauvent d'un danger dont il faut nous défendre.
Tiens... prends!

PÉRINET.

Quoi! vous voulez?

SAINT-LAURENT.

Oui!

PÉRINET.

Sérieusement?

SAINT-LAURENT.

Sans doute!... Va... cours vite!...

PÉRINET, à part.

Il baisse horriblement!...

SAINT-LAURENT, à part.

Ah! madame d'Elmar!... vous espériez, cher ange,
Pouvoir ainsi...

SCENE VI.

PÉRINET, SAINT-LAURENT, LECOMTE.

LECOMTE.

Voilà le Bourguignon!

SAINT-LAURENT.

Qu'entends-je?

PÉRINET.

Impossible!

LECOMTE.

Avec lui, Girardot va venir;
Je les ai vus... j'accours pour vous en prévenir...

Sauve qui peut!...

SAINT-LAURENT.

Plaît-il?

LECOMTE.

Si vous savez que faire,
Tant mieux!... Pour moi, je pars... c'est plus sage.

SAINT-LAURENT.

Au contraire!...
Fuir... parce qu'un manant, dont j'ignore le nom,
Se ligue contre nous avec quelque Simon?...
Quand de payer pour lui j'avais la bonhomie,
Il se sauve gratis... c'est une économie!
Mon argent! mon argent! Et qu'on ne dise pas
Qu'il me faut, devant lui, reculer d'un seul pas.
Partez, si vous voulez... mais avec moi... non certe :
Je ne suis point de ceux qu'un danger déconcerte...
L'ennemi vient?... qu'il vienne!... et nous verrons beau jeu.

PÉRINET, à part.

J'avais tort... il remonte!...

SCÈNE VII.

PÉRINET, SAINT-LAURENT, LECOMTE, GIRARDOT, LE COMTE DE ROSOY.

LECOMTE.

Eh! les voilà, parbleu!...
Ces excellents amis.

SAINT-LAURENT.

Heim?

LE COMTE DE ROSOY.

Quoi?

PÉRINET.

Que veut-il dire?...

LECOMTE.

Ma foi, j'en ris encore, et vous allez tous rire...
D'abord, pour commencer par le commencement,
Vous voyez que j'ai pris mon parti bravement;
Du papa Girardot j'ai fait la connaissance...
Je me suis présenté tout seul... en votre absence...
J'ai bien fait, n'est-ce pas?

GIRARDOT.

Certainement... très-bien.
Mais, pardon, vous savez?...

SAINT-LAURENT, à part.

Allons, il ne sait rien...

GIRARDOT.

On m'attend, et je vais...

LECOMTE.

Fi donc!... Qu'on vous attende...
Mon histoire, avant tout, mérite qu'on l'entende...

GIRARDOT.

Mais!

LECOMTE.

Pour faire plaisir à l'ami Saint-Laurent.

SAINT-LAURENT.

Heim?

LECOMTE.

Vous voyez.

SAINT-LAURENT, à part.

Ah! ça, qu'est-ce donc qui lui prend?...

(Haut.)

Permettez... permettez...

LECOMTE.

Il s'agit de deux drôles
Qui voulaient m'attraper... mais j'ai changé les rôles.
Tantôt ils me tenaient.,. je les tiens, Dieu merci...
J'ai contre eux, dans mes mains, des preuves... que voici.

SAINT-LAURENT.

Ciel !...

LECOMTE.

Je puis, d'un seul mot, les perdre l'un et l'autre ;
Mais je suis leur ami, comme je suis le vôtre...
Aussi j'aimerais mieux ne rien dire du tout.

GIRARDOT.

Alors, je puis...

LECOMTE.

Non pas... écoutez jusqu'au bout...
Ces messieurs, j'en suis sûr, sont charmés de m'entendre.
N'est-ce pas?... Me voyant de force à me défendre,
Mes deux gaillards tremblaient... moi je riais tout bas
De leur mine allongée et de leur embarras,
Bien résolu, d'ailleurs, à ne pas lâcher prise
Sans avoir profité, pour moi, de leur surprise...
Comme je vous l'ai dit, ce matin, désirant
Vous être présenté par l'ami Saint-Laurent,
J'accourais à Corbeil... A peine suis-je en route,
Mon air provincial me trahissait sans doute,
Un jeune voyageur, très-aimable garçon,
Grand... comme Périnet... m'accoste, et, sans façon,
Par ses raisonnements fait si bien qu'il m'accroche
Quarante mille francs que j'avais dans ma poche.

En échange, il me donne une collection
De vieux papiers valant, dit-il, un million...
Bon homme que je suis, innocent et crédule,
Avec enchantement j'avalais la pilule,
Lors qu'un malentendu, dont j'ai bien profité,
Me fait comprendre enfin toute la vérité...
On me trompait, monsieur, pour en tromper un autre;
Mettez-vous à ma place, et donnez-moi la vôtre,
Et dites-moi s'il faut ménager les fripons
Dont...

SAINT-LAURENT, bas.

Pas un mot de plus!

LECOMTE, haut.

Dont nous nous occupons?...
On m'a pris mon argent, je veux qu'on me le rende!
Leur dis-je... en grossissant ma voix, pour qu'on m'en-tende...
Le digne homme qu'on trompe impitoyablement,
Pour me prêter main-forte était là justement...
La scène est assez bonne... on peut s'en rendre compte :

(A Girardot.)

A gauche, à votre place, est le susdit Géronte;

(A Saint-Laurent et Périnet.)

A droite... absolument où sont ces deux messieurs,
Se trouvent mes farceurs qui me mangent des yeux;

(Au comte.)

Là-bas... Restez, monsieur, restez, je vous en prie. .
Est un élève en l'art de la friponnerie,
Paysan décrassé, grand seigneur de raccroc...
S'il n'était une dupe, il serait un escroc!...
Grâce à tous leurs secrets, que j'ai pris soin de lire,
J'en sais contre eux autant... plus que je n'en veux dire.

Alors .. sans remuer, plus que vous ne voyez,
Je tire de ma poche un rouleau de papiers...
Ce sont les actions... excellentes sans doute,
Dont m'a gratifié mon compagnon de route...
Puisque ces actions sont un si sûr trésor...
Reprenez-les, leur dis-je... et tout de suite encor !..
Rendez-moi mon argent, je le veux, je l'exige...
Rendez-moi mon argent... ou je parle...

(Girardot fait un mouvement.)

Leur dis-je...

Ce qui ne laisse pas que d'être assez plaisant,
C'est que notre bonhomme est toujours là, présent...

(A Girardot.)

Comme vous... il a l'air de voir et n'y voit goutte...
On parle devant lui, sans même qu'il s'en doute...
Mais si je me décide à lui tout expliquer,
S'il apprend que c'est lui dont on veut se moquer,
Il pourra bien trouver la chose assez mauvaise,
Et... puisqu'on ne tient pas à ce que je me taise...
Puisque l'on ne veut pas m'empêcher de parler,
Ma foi tant pis... je vais... j'allais tout révéler,
Quand un geste expressif de mon voisin de droite
M'avertit juste à temps d'une façon adroite,
Que l'ennemi, forcé de se rendre, se rend ;
Que n'ayant qu'un parti bon à prendre il le prend,
Et que mon pauvre argent, déjà hors de sa poche,
De la mienne, petit à petit, se rapproche...
Alors, pour protéger cette opération,
Je me retourne un peu, sans affectation...
Et quand je suis bien sûr qu'à nos ruses de guerre
Le plus intéressé ne s'intéresse guère,

Glissant derrière moi mes mains comme ceci,
Du susdit million, je me défais... ainsi.
Non... J'attends que d'abord on me rende en échange
Mes chers petits billets et mes lettres de change
Que voici... Regardez... qu'en pensez-vous, messieurs?
Le tour est assez bon...

GIRARDOT.

Il est délicieux...

LECOMTE, comptant.

Quarante mille francs... Je les tiens... et les garde...

SAINT-LAURENT, tirant sa montre.

Soit, mais il est...

LECOMTE, tirant sa montre.

Pardon, votre montre retarde,
Il est plus que cela... voyez... Ce n'est pas tout...
J'ai mon argent, bien ! Mais... je désirais surtout
Empêcher mes gaillards de s'en aller...

SAINT-LAURENT.

Qu'entends-je ?

LECOMTE

Avec un peu d'adresse et d'aplomb tout s'arrange ;
J'ai si bien manœuvré que, muets comme vous,
Sans souffler un seul mot, ils sont restés là tous...
Qu'en dites-vous ?..

SAINT-LAURENT.

Je dis qu'à leur place...

LECOMTE.

A leur place
Vous n'eussiez pas osé me regarder en face ;
Intérieurement vous eussiez enragé
C'est possible !..

SAINT-LAURENT.

Mais...

LECOMTE.

Mais vous n'eussiez pas bougé !..
Vous eussiez trop compris, comme ils l'ont su comprendre,
Que j'avais à mon toúr une revanche à prendre,
Et que je la prenais, et que j'avais raison,
Et que je m'étais fort instruit dans ma prison...

PÉRINET, à part.

Ciel !..

GIRARDOT.

Comment ?..

LECOMTE.

Le grand mot est lâché !..

SAINT LAURENT, bas.

Misérable !..

LECOMTE.

Nous pouvons maintenant jouer cartes sur table !..
Oui, monsieur Girardot... dans ma prison... j'en sors
Comme un sot que je suis, ou que j'étais alors;
Pour l'un de ces messieurs, je m'y suis laissé mettre....

GIRARDOT.

Plaît-il ?..

SAINT-LAURENT.

Quoi ! vous osez ?..

LECOMTE.

Ce n'est pas vrai peut-être ?..

SAINT-LAURENT, riant.

De mieux en mieux !.. Ma foi, si c'est mal inventé,

C'est très drôle du moins, très-drôle en vérité !..
Par malheur, pour qu'on croie à cette histoire bleue
Elle sent un peu trop son Simon d'une lieue..

(A Lecomte.)

Restez... Vous souperez jusqu'au jour avec nous...
Et vous nous avouerez, ce que nous savons tous,
Que ce damné Simon, ne sachant plus que faire,
Vous envoyait ici, pour...

LECOMTE.

Qui dit le contraire !..
Certainement, je viens de sa part... en son nom...
Je l'estime beaucoup, moi... ce damné Simon !..

PÉRINET, à part.

Diable !..

LE COMTE DE ROSOY, à part.

Diable !..

GIRARDOT.

Ainsi donc, c'est encor lui !..

LECOMTE.

Sans doute...
C'est lui qui m'a chargé de leur barrer la route...
De vous surprendre ici, de vous y retenir
Tous quatre... en attendant qu'il vienne... il va venir !..

SAINT-LAURENT.

Heim !..

LECOMTE, à tous.

(A Saint-Laurent.)

Vous êtes pressés... Votre montre retarde,
Je le sais... Mais je dois vous garder... Je vous garde...
Et je vous garderai, par force ou par douceur...

Je suis le chien d'arrêt, et voici le chasseur !

SAINT-LAURENT.

De ce jeu ridicule à la fin je me lasse.

(Simon paraît.)

LECOMTE.

Je vous l'avais bien dit qu'il viendrait... Bonne chasse !

SCÈNE VIII.

PÉRINET, SAINT-LAURENT, SIMON, GIRARDOT, LECOMTE, LE COMTE DE ROSOY.

SAINT-LAURENT.

D'écouter des propos, pour le moins superflus,
Nous n'avons pas le temps, monsieur.

SIMON.

Ni moi, non plus.

(A Girardot.)

Ainsi, dépêchons-nous. Qu'as-tu fait de ta fille ?

GIRARDOT.

Ma fille !

SAINT-LAURENT.

Mais, monsieur...

SIMON.

Je suis de la famille.
Silence donc, messieurs !... Je parle à Girardot.
Vous aurez votre tour tous deux... tous trois bientôt.
Je dis, moi son parrain, presque son second père,
Je dis que notre enfant pleure et se désespère,
Je dis qu'on ne peut pas la marier ainsi...

SAINT-LAURENT.

Sans son consentement, non certes... le voici...
Ce que vous nous contez est de l'histoire ancienne,
Et notre volonté ne force en rien la sienne.
Mademoiselle Agathe à tout a consenti.
Cette lettre le prouve.

SIMON.

Ah ! j'en ai donc menti...
Eh bien ! lisez tout haut cette lettre qui prouve
L'estime et l'amitié que pour vous on éprouve;
Lisez-la... vous à qui votre fille l'écrit.
De vos bontés pour elle on y verra le fruit.
Lisez-la.

GIRARDOT.

Ciel ! partie !

SIMON.

Oui. Mais je réponds d'elle.
On l'a forcée à fuir la maison paternelle;
Elle est chez moi... chez moi, qui la blâme, en effet,
De ne pas adorer... un mari si parfait !
Et dis que Girardot a raison de prétendre
A l'honneur de payer très-cher un pareil gendre.
Député ! noble et riche... Ah ! je conviens, messieurs,
Que vos piéges étaient dressés on ne peut mieux.

(Au comte de Rosoy.)

Député ! Vos amis ne valent pas les nôtres:
Vous avez eu deux voix, tout autant... moi, les autres.

SAINT-LAURENT.

Vous !

SIMON.

Je n'y pensais pas ce matin... mais depuis

L'exemple m'a tenté.

SAINT-LAURENT.

Vous êtes...

SIMON.

Je le suis.

Moi-même. On perd au jeu quelquefois quand on triche.
Faute de mieux, le comte est toujours noble et riche.

LECOMTE.

Très-riche. Qui veut voir son trésor? Le voilà !...

SIMON.

Et maintenant, parlons de sa noblesse.

LECOMTE.

Oui dà !

Je m'en charge.

LE COMTE DE ROSOY.

Monsieur !

LECOMTE.

Pardon... c'est mon affaire.

Je connais ses aïeux... c'est-à-dire son père,
Un brave homme qui croit que monsieur son cher fils
Travaille bravement pour bien vivre à Paris.
Un honnête fermier.

LE COMTE DE ROSOY.

Monsieur !

SIMON à Girardot.

Écoute, écoute.

LECOMTE.

De son honnêteté vous rougissez sans doute.
Mais le père Lecomte est bien connu de tous.
C'est lui qui doit rougir et qui rougit de vous.
Je vous le dis... au nom de la famille entière,

Dont le drôle se moque autant que de son père,
En mon nom, car je suis, et c'est flatteur, morbleu !
Je suis son oncle.

SAINT-LAURENT.

Vous!

LE COMTE DE ROSOY.

Vous!

LECOMTE.

Un peu, mon neveu !
Jacques Lecomte.

LE COMTE DE ROSOY.

O ciel!

LECOMTE.

Cette reconnaissance
Est assez agréable après dix ans d'absence.
Vous ne m'attendiez pas... C'est cependant bien moi :
Lecomte... de Rosoy... c'est-à-dire à Rosoy...
Fermier... nous sommes tous fermiers dans la famille.
Si vous voulez encor de lui pour votre fille,

(Au comte.)

Prenez-le... moi je pars... Tu te perds à Paris,
Plus de noblesse... en route et retourne au pays.
En attendant, hier, on m'a fermé ta porte.
Drôle, par celle-ci, que le diable t'emporte !
Va-t-en.

SIMON.

Pardon, messieurs, c'est dangereux, je crois.
La maison est cernée... et très-bien, cette fois.
Si pourtant vous vouliez... quand on n'est pas le maître

(Il montre la fenêtre.)

De sortir par la porte... on sort par la fenêtre.
N'est-ce pas, Périnet?... J'aime assez ce moyen,

C'est le seul qui vous reste, onze pieds! Moins que rien!

LECOMTE.

Bon voyage, messieurs.

GIRARDOT.

Et que le ciel nous garde

De...

SAINT-LAURENT.

Vous êtes bien sûr que ma montre retarde,

N'est-il pas vrai?

LECOMTE.

Très-sûr.

SAINT-LAURENT.

Voyons.

LECOMTE, tirant sa montre.

Voyez.

SAINT-LAURENT.

Merci.

(A Simon.)

Je préfère, monsieur, m'en aller par ici.

SIMON.

C'est aisé, mais je crains...

SAINT-LAURENT.

Moi, je ne crains personne.

Huit heures vont sonner. Oui, la pendule sonne.

(A Lecomte.)

Votre montre va bien. Tout le monde l'entend.

Le soleil s'est couché... je vais en faire autant.

(Il sort avec Périnet et le comte.)

SCÈNE IX.

LECOMTE, SIMON, GIRARDOT, PUIS ANNETTE.

GIRARDOT.

Ah ! mes drôles.

SIMON.

Bravo ! c'est de très-bonne guerre.
A ce qui les attend ils ne s'attendent guère.

GIRARDOT.

Comment !

SIMON.

A ma justice ils échappent, oui, mais
Celle qui veille en bas ne se couche jamais.
Le Saint-Laurent aura de fiers comptes à rendre.

ANNETTE.

Monsieur... Monsieur Simon...

GIRARDOT.

Pour le coup, c'est mon gendre.

SIMON.

Bien dit. Mon brave fils ! Allons le recevoir.
(A Lecomte.)
Vous venez avec nous?

LECOMTE.

Non pas... je pars ce soir...
Chez votre successeur je vais porter ma somme,
Et de là... Vous croyez que c'est un honnête homme ?

SIMON.

Lui !

LECOMTE.

C'est que, voyez-vous, dans ce maudit pays...

SIMON.

Nous sommes à Corbeil.

LECOMTE.

C'est bien près de Paris.
Adieu ! Votre leçon est bonne.

SIMON.

Je l'espère.

LECOMTE.

Mon fils sera fermier.

SIMON.

Fermier.

LECOMTE.

Comme son père!

FIN.

Du même Auteur.

LE BARON DE LAFLEUR, comédie en trois actes, en vers. (*Second Théâtre Français.*)

UN JEUNE HOMME, comédie en trois actes, en vers. (*Second Théâtre Français.*)

L'AVOCAT DE SA CAUSE, comédie en un acte, en vers. (*Second Théâtre Français.*)

LE CHANT DU CYGNE, pièce dramatique, en vers. (*Second Théâtre Français.*)

LÉONCE, comédie mêlée de couplets, en trois actes, en collaboration avec M. BAYARD. (*Variétés.*)

Sous Presse : **RECUEIL DE POÉSIES.**

Chez le même Libraire.

LUCRECE, tragédie en cinq actes, par F. PONSARD, couronnée par l'Académie française, 2e édition 1 vol. in-8°. . . . . 4 fr.

Le même ouvrage, 4e édition, 1 vol. in-18, papier jésus vélin. . . . . 2 fr.

LA CIGUË, comédie en deux actes, en vers, par ÉMILE AUGIER, un vol. in-18. . . . . 1 fr. 50 c.

UN HOMME DE BIEN, comédie en trois actes, en vers, par ÉMILE AUGIER. un vol. in-18. . 1 fr. 50 c.

ANTIGONE, tragédie de Sophocle, traduite par P. MEURICE et Auguste VAQUERIE. 1 vol. grand in-18. 2 fr.

PAROLES, comédie tirée de Shakespeare, par les traducteurs d'Antigone, 1 vol. in-18. . . . . 75 c.

LE COMTE D'EGMONT, tragédie en trois actes, par A. SENTY. . . . . 2 fr.

Imprimerie de H. Fournier et Ce, rue Saint-Benoit, 7.

www.ingramcontent.com/pod-product-compliance
Lightning Source LLC
LaVergne TN
LVHW020405230826
846091LV00004B/1154

9782011928108